C. Renner

Klassische Navigation an Bord von Jachten

2. verbesserte Auflage 1924

C. Renner

Klassische Navigation an Bord von Jachten

2. verbesserte Auflage 1924

ISBN/EAN: 9783954270347
Erscheinungsjahr: 2012
Erscheinungsort: Bremen, Deutschland

© maritimepress in Europäischer Hochschulverlag GmbH & Co. KG, Fahrenheitstr. 1, 28359 Bremen. Alle Rechte beim Verlag und bei den jeweiligen Lizenzgebern.

www.maritimepress.de | office@maritimepress.de

Bei diesem Titel handelt es sich um den Nachdruck eines historischen, lange vergriffenen Buches. Da elektronische Druckvorlagen für diese Titel nicht existieren, musste auf alte Vorlagen zurückgegriffen werden. Hieraus zwangsläufig resultierende Qualitätsverluste bitten wir zu entschuldigen.

C. Renner

Klassische Navigation an Bord von Jachten

2. verbesserte Auflage 1924

SEGELSPORT-BÜCHEREI   **Band III**

Der Wandersegler auf See

Navigation an Bord von Jachten

Von

C. Renner
Kapitän

Studienrat an der Seefahrtsschule
in Bremen.

Mit 35 Abbildungen, einer Übungs- und
einer Lösungskarte.

Zweite vermehrte und verbesserte Auflage.

BERLIN W 62
RICHARD CARL SCHMIDT & Co.
1924

Inhalts-Verzeichnis.

	Seite
Vorwort	5
Der Kompaß	8
Kompaßkurs, Deviation, Mißweisender Kurs	14
Kursverwandeln	18
Die Seemeile	27
Die Logge	28
Das Lot	34
Die Seekarte	36
Betonnung	44
Befeuerung	46
Die Segelhandbücher	51
Wetternachrichten und Sturmwarnungswesen	52
Die terrestrischen Standlinien	55
Lotungen	56
Peilungen	58
Abstandsbestimmungen	64
Gebrauch der Seekarte	68
Die Bestimmung des Schiffsortes durch terrestrische Standlinien	70
Kartenaufgaben	79
Gezeiten	91
Deviationsbestimmung des Kompasses	99
Lehre von der Deviation und Kompensation des Kompasses	108
Abriß aus der Seestraßenordnung	123

Vorwort zur I. Auflage

Mit dem Wiederaufleben des Segelsports gewinnt auch das Wandersegeln immer mehr Anhänger, denn fast jeder Segler ist bestrebt, seine Urlaubszeit auf größeren oder kleineren Wanderfahrten zu verleben.

Leider werden manche Segler, deren Fahrzeuge und seglerischen Kenntnisse es erlauben würden, die unvergleichlichen Reize von Seereisen zu genießen, hiervon abgehalten, da ihnen die dazu notwendigen nautischen Kenntnisse fehlen. Dieser Stoff ist in der vorhandenen Segelsport-Literatur bei weitem nicht eingehend genug behandelt worden, auch fehlt dort überall eine genügende Anzahl von Aufgaben, damit sich der Segler durch Selbstunterricht ein genügendes Maß an Fertigkeit in der Lösung der Aufgaben der Küstenschiffahrt und der Behandlung der dazu benötigten nautischen Hilfsmittel erwerben kann.

Nach langjähriger Erfahrung im seemännischen Berufe, auf ausgedehnten Wanderfahrten zur See und wiederholten Navigationskursen für Jachtsegler habe ich das für diesen Wissenswerte an Navigation und ihren Hilfsmitteln in diesem Buche allgemein verständlich, ohne Voraussetzung von irgendwelchen nautischen Kenntnissen, eingehend behandelt und durch praktische Aufgaben und zahlreiche Abbildungen erläutert.

Zuerst wird der Leser mit denjenigen nautischen Hilfsmitteln und ihrer Benutzung vertraut gemacht, die zur Ausführung von Jachtreisen notwendig sind. Es sind dies der Kompaß, die Logge, das Lot und die Seekarte. Außerdem sind ausreichende Kenntnisse über Betonnung, Befeuerung, Sturmwarnungswesen, Gezeiten und die terrestrischen Standlinien von Nutzen. Zweifellos ist eine sichere Navigierung in hohem Maße von der Güte und dem richtigen Gebrauch dieser Hilfsmittel abhängig, deshalb ist ein Vertrautsein mit ihnen unerläßlich.

Da für den Wandersegler auch eine genaue Kenntnis der Seekarte Vorbedingung ist, werden zahlreiche Aufgaben gestellt, deren Lösung an der Hand der Seekarte ausführlich besprochen wird, während anderseits ähnliche Übungsaufgaben vom Leser selbständig in der Karte zu bearbeiten sind. Durch eine nachfolgende, vom Verfasser gegebene kurze Lösung ist eine Kontrolle der Richtigkeit der eigenen Lösung gegeben. Zum Schlusse findet eine Zusammenfassung des ganzen Stoffes und seine praktische Nutzanwendung in angenommenen Seereisen statt, die in der Seekarte navigatorisch zur Ausführung gebracht werden.

Auf diesem Wege wird der Segler mit der Seekarte innig bekannt, er lernt sie lesen und die vielen Schätze kennen, die sie dem sachverständigen Beschauer darbietet. Mit Ausnahme einiger Seereisen beziehen sich alle Aufgaben auf die Seekarte „Ostsee, westlicher Teil, südliches Blatt Nr. 69" (siehe Seite 42). Für diejenigen Leser, welche die dringend zu empfehlende Anschaffung dieser Karte scheuen sollten, bietet die dem Buche beiliegende Übungs- und Lösungskarte einigen Ersatz.

Da heutigen Tages wohl ausnahmslos statt der Bleikiele eiserne Kiele verwendet werden und auch sonst im Jachtbau viel Eisen verarbeitet wird, so hat fast jeder Segler mit größerer oder geringerer Deviation seines Kompasses zu rechnen. Was nützt ihm ein gutes Instrument, wenn er seinen Fehler nicht kennt, er muß einen Kompaß-Adjustierer zu Rate ziehen. Wohl mancher Jachteigner aber wünscht, nicht aus Sparsamkeitsgründen allein, sondern auch aus Interesse an der Sache, seinen Kompaß selbst zu regulieren. Deshalb habe ich in zwei besonderen Kapiteln die Deviationsbestimmung und die Lehre von der Deviation und Kompensation des Kompasses in einer leicht verständlichen Art behandelt, so daß der Jachtsegler dadurch in den Stand gesetzt wird, seinen Kompaß selbst unter Kontrolle zu halten.

Den Schluß des Buches bildet ein kurzer Abriß der Seestraßenordnung, in welchem das für den Jachtsegler Wissenswerte gegeben und durch Anmerkungen erläutert ist.

Wenn das Buch dem Wandersegeln auf See neue Freunde gewinnen hilft, ist sein Zweck erfüllt.

Für Ergänzungen und Verbesserungen werde ich stets dankbar sein.

Bremen, im November 1920. C. Renner.

Vorwort zur II. Auflage.

Die erste Auflage des „Wanderseglers" war in der kurzen Zeit von zwei Jahren vergriffen und aus zahlreichen Anerkennungsschreiben aus fachmännischen Kreisen sieht der Verfasser, daß das Werk in seiner vorliegenden Form in Seglerkreisen Anklang gefunden hat.

Er beschränkt sich daher in der Neuauflage im allgemeinen darauf, Schönheitsfehler im Ausdruck und Druckfehler auszumerzen.

Um dem Segler die Auswahl der für Reisen in der mittleren Ostsee nötigen Küsten- und Sonderkarten zu erleichtern, ist die betreffende Übersichtskarte durch eine neue Karte in viel größerem Maßstabe ersetzt worden.

In dem Kapitel „Befeuerung" wurde die inzwischen vorgenommene einheitliche Kennzeichnung von Wrackfeuern sowie die Befeuerung eines Fahrwassers durch Leuchttonnen aufgenommen.

Beim „Sturmwarnungswesen" sind die von der Deutschen Seewarte vorgenommenen Änderungen und Neueinrichtungen angegeben.

Bei den „Peilungen" wird eine von der Firma C. Plath, Hamburg, speziell für Jachtsegler neu konstruierte Peilscheibe beschrieben und ihr vielseitiger Gebrauch erläutert.

Um die Lösungen der in dem Werke gegebenen nautischen Aufgaben zu erleichtern, wird der zweiten Auflage ein lithographischer Ausschnitt aus der Deutschen Admiralitätskarte „Ostsee, westlicher Teil", umfassend die Kieler, Mecklenburger und Lübecker Bucht, unter Weglassung einiger unwesentlicher Einzelheiten beigegeben.

Der Segler wird diese Karte besonders begrüßen, nicht allein, daß er von Anfang an den Gebrauch und das Lesen der Karte gewöhnt und mit dem Gebiet vertraut wird, sondern er kann auch diese Karte zur Ausführung von Seereisen in besagtem Gebiete benutzen. Sie erspart ihm die Anschaffung der teuren Seekarte und ist auch wegen ihres handlichen Formats besonders auf kleineren Fahrzeugen viel bequemer und gibt doch alles Wissenswerte an.

Um dem Segler die Bestimmung der Deviation des Kompasses zu erleichtern, ist im Anhang eine Tabelle beigefügt, aus welcher eine Reihe wichtiger m/w-Deckpeilungen auf der Unterweser und Unterelbe zu entnehmen sind.

Der Verfasser hofft, daß der „Wandersegler" in der vorliegenden Form weitere Freunde gewinnen wird. Für Verbesserungen und Ergänzungen wird er stets dankbar sein.

Bremen, im März 1924.   C. Renner.

Der Kompass.

Bekanntlich nimmt eine an einem eisenfreien Ort beweglich aufgestellte Magnetnadel unter der Wirkung des Erdmagnetismus eine ganz bestimmte Richtung im Raume ein, und zwar nennt man das nach Norden zeigende Ende den Nordpol, das nach Süden zeigende hingegen den Südpol der Nadel. Diese Eigenschaft der Magnetnadel benutzt man zur Konstruktion des Kompasses. Ein System von 2—8 Magnetnadeln wird mit einer Windrose, der sogenannten Kompaßrose, parallel zur Nord—Südrichtung derselben, verbunden. In der Mitte der Rose befindet sich ein Messinghütchen, das einem harten Edelstein als Fassung dient. Mit diesem Hütchen ruht die Rose auf ihrem Träger, der Pinne, welche, um möglichst geringe Reibung zu erzeugen, in eine feine, abgerundete Spitze ausläuft und aus ganz hartem Stahl oder Iridium hergestellt ist. Um die Rose möglichst den Schiffsbewegungen zu entziehen, schließt man sie in einem Kompaßkessel aus Messing oder Rotguß ein, der unten mit Blei beschwert ist, und hängt diesen nach der von Cardanus erfundenen Methode an zwei Achsenpaaren „kardanisch" auf, derart, daß ein Achsenpaar längsschiffs, das andere hingegen querschiffs zeigt. Roll- und Schlingerbewegungen des Schiffes werden also vom Längsschiffs-,

Abb. 1. Fluidkompaß in kardanischer Aufhängung.

Stampfbewegungen hingegen vom Querschiffs-Achsenpaar aufgenommen, sodaß der den Kompaßkessel oben abschließende Glasdeckel sich immer wieder horizontal einstellt. Ein zeitweiliges Ölen der Achsenlager ist deshalb zu empfehlen. In der Vertikalebene, die durch das eine Achsenpaar und die Mitte der Rose geht, befindet sich an der Innenseite des weiß gemalten Kessels einander gegenüber je ein feiner, schwarzer Strich, der sogenannte Steuerstrich.

Da ein Kompaß, um brauchbar zu sein, möglichst große magnetische Kraft und Ruhe, also geringe Reibung besitzen muß, hat man bei der Konstruktion des Kompasses zwei Wege eingeschlagen, um diesen Forderungen zu entsprechen. Bei den sogenannten Trockenkompassen erzielt man geringes Gewicht der Rose durch kleine Nadeln in Seidenfäden-Aufhängung, Aluminium-Hütchen und einem Rosenblatt aus Seide oder dünnem Papier, das durch einen Aluminium-Ring und Seidenfäden gespannt wird.

Bei den Schwimm- oder Fluid-Kompassen verwendet man zwei starke Magnete und vermindert die durch das große Gewicht derselben bewirkte starke Reibung auf der Pinne dadurch, daß man die Magnete an einer entsprechend großen luftgefüllten Kapsel, dem Schwimmer, befestigt und den Kompaßkessel mit einem Gemisch von $^2/_3$ destilliertem Wasser und $^1/_3$ Alkohol (um das Gefrieren zu verhindern) füllt. Die Tragkraft des Schwimmers wird so bemessen, daß das Gesamtgewicht von Rose, Magneten und Schwimmer nur mit 10 bis 15 g auf die aus harter Bronze hergestellte Pinne drückt.

Um einer Volumenänderung der Flüssigkeit bei Temperaturänderungen Rechnung zu tragen, hat man den Boden des Kompaßkessels aus Wellblech hergestellt und die Pinne auf einem besonderen Messingstreifen befestigt. Eine an der Seite angebrachte Füllschraube ermöglicht es, durch Verdunstung etwa auftretende Luftblasen zu beseitigen, indem man den Kompaßkessel auf die Kante stellt, die Füllschraube nach oben, diese löst (die Blase steht nun unter dem Schraubenloch) und destilliertes oder anderes reines Wasser nachfüllt. Darauf wird die Schraube wieder eingedreht.

Trockenkompasse sind auf Jachten wegen ihrer lebhaften Bewegungen gar nicht zu gebrauchen und nur Fluidkompasse zu verwenden; denn da sich hier die Rose in der Flüssigkeit drehen muß, so werden durch diese die Schwingungen der Rose sehr bald gedämpft. Außerdem bilden Kompaßgehäuse, Pinne und Rose durch die Flüssigkeit verbunden ein Ganzes. Erschütterungen, die der Schiffskörper im Seegang erfährt, werden also nicht allein durch die Pinne, sondern vor allen Dingen durch die Flüssigkeit

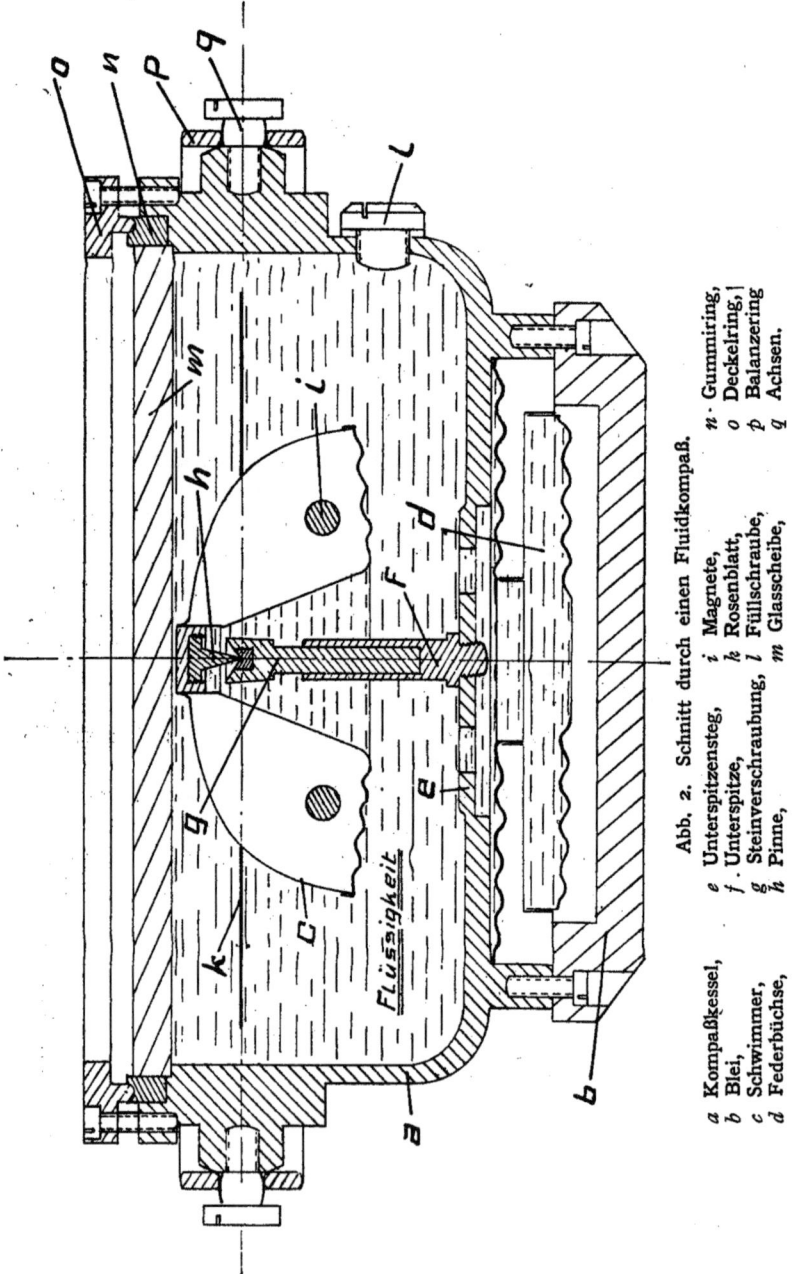

Abb. 2. Schnitt durch einen Fluidkompaß.

a Kompaßkessel,   e Unterspitzensteg,   i Magnete,   n Gummiring,
b Blei,   f Unterspitze,   k Rosenblatt,   o Deckelring,
c Schwimmer,   g Steinverschraubung,   l Füllschraube,   p Balanzering
d Federbüchse,   h Pinne,   m Glasscheibe,   q Achsen.

auf die Rose übertragen, wodurch deren Ruhe viel weniger beeinträchtigt wird.

Die Kompaßrose ist in 32 Striche eingeteilt, so daß also jeder Strich gleich $360^0 : 32 = 11\frac{1}{4}$ Grad groß ist. Zwei aufeinander senkrechte Rosendurchmesser, von denen der eine parallel zu den

Abb. 3. Kompaßrose.

Längssachen der Magnete läuft, bezeichnen die vier Hauptstriche Nord, Süd, Ost und West. Halbiert man die so entstandenen 4 rechten Winkel, so erhält man die Hauptzwischenstriche NO, SO, SW und NW. Durch abermalige Zweiteilung bekommt man die Zwischenstriche NNO zwischen N und NO, und ONO zwischen O und NO. Die Namen dieser Zwischenstriche werden also gebildet aus dem nächstliegenden Hauptstrich und Hauptzwischenstrich, der Hauptstrich immer zu Anfang stehend. Dementsprechend OSO und SSO, während sich im westlichen Halbkreise die Richtungen SSW, WSW, WNW und NNW ergeben. Durch abermalige Halbierung erhält man die einzelnen Striche, deren Namen gebildet werden, indem man dem benachbarten Haupt- bzw. Haupt-Zwischenstrich den Namen desjenigen Hauptstriches mit dem Beiworte „zu" beifügt, nach dem hin der betreffende Strich liegt. So ergeben sich die Striche NzO (Norden zu Ost), NOzN (Nordost zu Norden), NOzO, OzN, OzS, SOzO usw.

Um eine noch genauere Bestimmung einer Richtung zu ermöglichen, werden die einzelnen Striche noch in halbe und viertel Striche eingeteilt.

Außer dieser recht umständlichen Bezeichnungsweise, die zu Irrtümern leicht Veranlassung gibt, benützt der Seemann noch eine viel einfachere Zählweise, indem er die Striche von Nord bzw. Süd beginnend mit Ziffern bis Ost oder West zählt, wie aus folgendem ersichtlich ist: z. B. NNO = N2O; ONO$^3/_4$O = N6$^3/_4$O; O$^1/_2$S = S7$^1/_2$O; SOzO = S5O; SWzS = S3W; NWzW$^1/_2$W = N5$^1/_2$W. Da wir beide Bezeichnungen zur Anwendung bringen werden, so ist ein Einprägen derselben unbedingt notwendig. Am leichtesten und gründlichsten geschieht dies, wenn man sich einen Kreis zur Kompaßrose aus freier Faust mehrmals in der Reihenfolge einteilt, wie wir sie haben entstehen sehen.

Für die Brauchbarkeit eines Kompasses ist sein Aufstellungsort an Bord von ausschlaggebender Bedeutung, und Fehler hierin können den besten Kompaß wertlos machen, wie in dem Kapitel Deviation noch weiter ausgeführt werden soll. Der Kompaß muß so aufgestellt sein, daß er möglichst weit entfernt ist von größeren Eisenmassen, deren Magnetismus ihn sonst störend beeinflußt. Bei Jachten ist die Plicht der gegebene Platz für den Kompaß. Ist das Fahrzeug von Holz, die Ruderpinne aber von Eisen, so empfiehlt es sich, den Kompaß auf der Fußboden-Gräting möglichst weit nach vorne anzubringen, selbstverständlich so, daß der Rudersmann ihn noch bequem ablesen kann. Es ist nur dafür Sorge zu tragen, daß der Raum darunter nicht zur Aufbewahrung von Reserveanker und dergl. benutzt wird. Ist das Fahrzeug aber von Eisen oder Stahl, hat es einen eisernen Kiel, oder befindet sich ein Motor unter der Plicht, so sollte man den Kompaß möglichst hoch anbringen, etwa auf einem Brett, das in Sitzhöhe quer über die Plicht geht, aber weit genug von einer eisernen Pinne entfernt ist. Die Aufstellung sollte immer in der vertikalen Mittschiffsebene erfolgen.

Man setzt den Kompaßkessel in das so genannte Nachthaus ein, welches entweder aus Holz oder aus poliertem Messing besteht, dessen oberer Teil bei Tage abgenommen werden kann. Eine seitlich angebrachte Lampe ermöglicht die Beleuchtung bei Nacht. Um die Lage der Mittschiffsebene zu finden, mißt man am Vor- und Achterschott der Plicht in der Höhe des Kompasses über dem Fußboden die Plichtbreiten, halbiert dieselben und verbindet diese Halbierungspunkte durch einen straff gespannten Faden. Das Nachthaus wird nun an seinem Platze so aufgestellt, daß der Faden mit der Verbindungslinie Pinne—Steuerstriche zusammenfällt. In dieser Stellung wird das Nachthaus vermittels der vom Fabrikanten mitgegebenen Deckschrauben so befestigt, daß es leicht wieder weggenommen werden kann, wenn man des Kompasses nicht mehr bedarf. Diese Aufstellung in der Mittschiffsebene oder Kiellinie hat sehr sorgfältig zu erfolgen, weil jeder Fehler in der Aufstellung mit seinem vollen Betrage die vom Kompaß abgelesene Richtung fälscht.

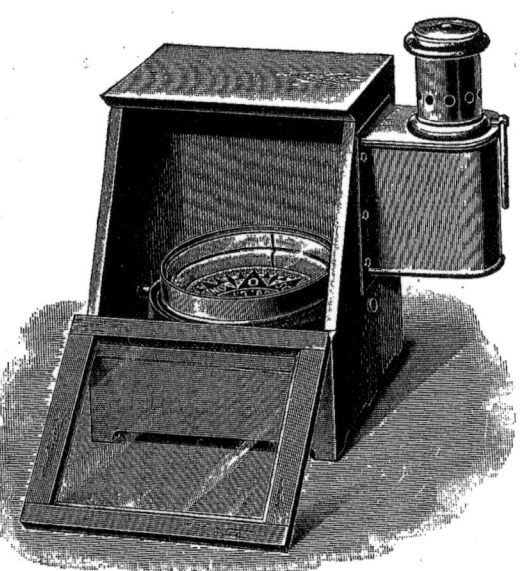

Abb. 4. Nachthaus aus Holz.

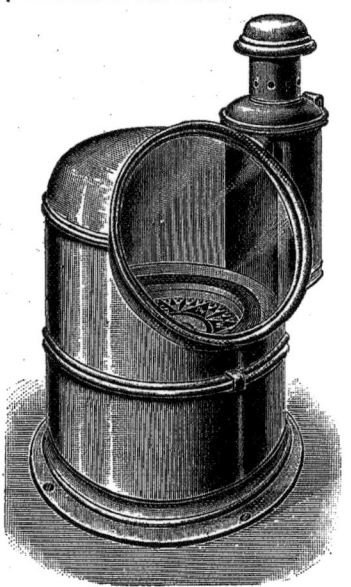

Abb. 5. Nachthaus aus Messing.

Kompasskurs, Deviation, Missweisender Kurs.

Ist der Kompaß aufgestellt, und liegt dem Steuerstrich z. B. NO der Rose gegenüber, so sagt der Seemann: „es liegt NO an" oder „der Kompaßkurs ist NO". Da der Steuerstrich die Richtung der Kiellinie angibt, versteht man also unter Kompaßkurs den Winkel, den die Kiellinie mit der Nord-Süd-Richtung der Kompaßnadel bildet.

Wie schon erwähnt, nimmt eine an einem eisenfreien Orte beweglich aufgestellte Magnetnadel unter der Wirkung der magnetischen Kraft der Erde eine ganz bestimmte Richtung im Raume ein, die für den betreffenden Ort eigentümlich ist. Diese Richtung nennt man den magnetischen Meridian. Da nun die magnetischen Pole der Erde nicht mit den geographischen Polen zusammenfallen, so bildet der magnetische Meridian mit dem geographischen Meridian einen Winkel, den der Seemann Ortsmißweisung oder abgekürzt Mißweisung (m/w) nennt. Diese Mißweisung kann magnetischen Karten oder der Seekarte entnommen werden. Die Ortsmißweisung ist westlich, wenn das von der Magnetnadel angezeigte Norden, das mißweisende oder magnetische Norden, westlich von der durch den geographischen Meridian angegebenen Nordrichtung, dem rechtweisenden oder wahren Norden liegt. (Nur die Lage des Nordendes der Magnetnadel ist maßgebend für den Namen der Ortsmißweisung.) Da der magnetische Nordpol in Nord-Amerika auf etwa 71^0 N Breite und 97^0 W Länge liegt, so ist es einleuchtend, daß wir in Nord- und Ostsee eine westliche Ortsmißweisung haben müssen. Sie beträgt in der Gegend von Königsberg etwa 5^0 West, Lübeck 10^0 West und in der Elbmündung 11^0 West, wie aus den Seekarten zu ersehen ist. Da die magnetischen Pole der Erde sich im Laufe der Jahre langsam weiterbewegen, so folgt daraus, daß die Ortsmißweisung für jeden Ort der Erde einer allmählichen Änderung unterworfen ist. Im Titel einer jeden Seekarte ist deshalb angegeben, für welches Jahr die dort eingezeichnete Mißweisung gültig ist, und wieviel die jährliche Änderung beträgt.

Den Winkel, welchen die an einem eisenfreien Orte aufgestellte Kompaßnadel mit der Kiellinie des Schiffes bildet, nennt der Seemann den magnetischen oder mißweisenden (abgekürzt m/w) Kurs. Auf einer hölzernen Jacht, deren Kompaß nicht durch Magnetismus im Eisen beeinflußt wird, ist daher der Kompaßkurs gleichzeitig auch der mißweisende Kurs. Dieser m/w Kurs kann unmittelbar in die Seekarte vermittels der dort an mehreren Stellen eingezeichneten m/w Rosen eingetragen oder, wie der Seemann sagt, „abgesetzt" werden, wie noch gezeigt werden soll.

Wenn der Kompaß aber an Bord einer eisernen oder stählernen Jacht aufgestellt ist, oder wenn er dem Einfluß größerer Eisenmassen unterworfen ist, wie Motor, eiserne Spanten, eiserne Bodenwrangen, Kiel oder dergleichen, so wird die Magnetnadel durch den in allem Eisen oder Stahl befindlichen Magnetismus aus der Richtung des magnetischen Meridians abgelenkt. Der an einem solchen Kompaß abgelesene Kurs ist daher der Winkel zwischen der abgelenkten Kompaßnadel und der Kiellinie, also kein m/w Kurs, sondern nur Kompaßkurs. Der Winkel, um den die Kompaßnadel aus dem magnetischen Meridian durch den Magnetismus im Eisen abgelenkt wird, nennt man Ablenkung oder Deviation. Sie ist östlich, wenn das Nordende der Kompaßnadel nach Osten hin aus dem magnetischen Meridian abgelenkt wird; wird es aber nach Westen abgelenkt, so ist die Ablenkung West.

Um uns von dem Wesen der Ablenkung einen Begriff machen zu können, nehmen wir an, in dem Fahrzeug in nachstehender Skizze seien irgendwelche Eisen- oder Stahlmassen enthalten. Durch die Wirkung des Erdmagnetismus werden in diesen Stahlmassen Pole von festem Magnetismus erzeugt, und zwar wollen wir annehmen, daß sich in der Kiellinie hinter dem Kompaß ein fester Südpol (vor dem Kompaß also ein Nordpol) befände. Legen wir nun das Fahrzeug zuerst auf Nordkurs und drehen oder schwoien wir es im Kreise rechts herum, so ergibt sich bei Anwendung des magnetischen Grundgesetzes: „Gleichnamige Pole stoßen sich ab, ungleichnamige Pole ziehen sich an," folgende Betrachtung, wobei es immer nur darauf ankommt, wie das Nordende der Kompaßnadel abgelenkt wird.

Auf Nordkurs liegt der Südpol im Schiffe genau dem Südpol der Nadel gegenüber, die abstoßende Kraft des ersteren wirkt genau in der Richtung der Nadel und kann mithin keine Ablenkung hervorrufen. Dreht das Fahrzeug aber rechts herum auf östliche

Kurse, so kommt der hinten liegende Schiffspol links vom Südpol der Nadel zu liegen, mithin stößt er den Südpol der Nadel nach rechts, der Nordpol der Nadel geht daher nach Westen, der Kompaß hat also auf diesen Kursen eine westliche Ablenkung. Je mehr das Schiff nach Osten herumdreht, desto mehr nähert sich der Winkel, unter dem die abstoßende Kraft des Schiffspoles am Südende der Kompaßnadel angreift, einem rechten Winkel, um so größer wird daher auch ihr Drehmoment, also auch die westliche Ablenkung werden, bis sie auf Ostkurs ihren größten

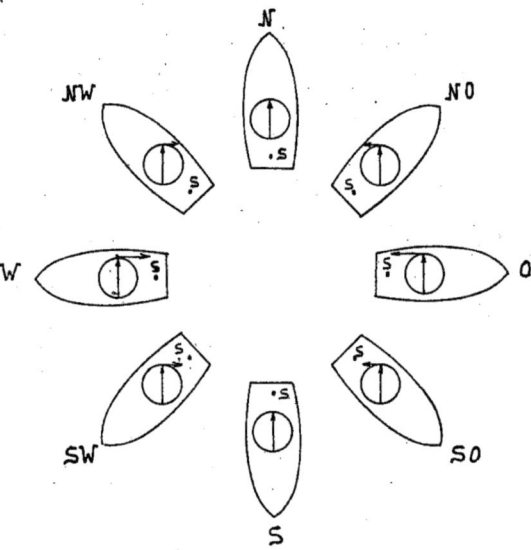

Abb. 6. Der hinten im Schiff befindliche Südpol des festen Schiffsmagnetismus lenkt das Nordende der Kompaßnadel in der Richtung des horizontalen Pfeiles ab.

Wert erreicht, da hier die Kraft rechtwinklig zur Nadel angreift. Schwoien wir das Fahrzeug in den südöstlichen Quadranten, so nähert sich dem Südpol im Schiffe das Nordende der Kompaßnadel, letzteres wird angezogen, also auch nach Westen hin abgelenkt; da aber beim Weiterschwoien die anziehende Kraft unter einem immer stumpfer werdenden Winkel angreift, so muß die westliche Ablenkung allmählich kleiner werden, bis sie auf Südkurs wieder Null ist, weil hier die Kraft des anziehenden Poles in der Richtung der Nadel wirkt. Im westlichen Halbkreis kommt der Schiffspol aber an die entgegengesetzte Seite, rechts von der Kompaßnadel zu liegen, seine bezügliche Wirkung ist sonst dieselbe, nur daß die Ablenkung östlich ist. Wir konnten uns bei unseren Betrachtungen deshalb auf den hinten im Schiff liegenden Südpol beschränken, weil der vorne im Schiff befindliche Nordpol genau die gleiche Ablenkung hervorruft, die ablenkende Wirkung des Südpols also unterstützt.

Fassen wir obige Betrachtung zusammen, so ergibt sich folgendes. Ein Südpol im Schiffe hinter dem Kompaß erzeugt auf Nord- und Südkurs keine Ablenkung, im östlichen Halbkreis eine westliche, im westlichen Halbkreis aber eine östliche Ablenkung, die allmählich zu- bzw. abnimmt und auf Ost- bzw. Westkurs ihren größten Betrag erreicht. — Hätten wir hinten im Fahrzeug einen Nordpol und vorne einen Südpol angenommen, so hätten wir durch ganz gleiche Betrachtungen gefunden, daß die Ablenkung ganz ebenso verläuft, nur daß sie entgegengesetzte Namen hat, also im östlichen Halbkreis östlich, im westlichen Halbkreis westlich ist. Es ist ferner einleuchtend, daß wir die Ablenkung verringern, wenn wir den Kompaß von den Schiffspolen entfernen, den Kompaß also höher stellen. — Es kann hier nicht unsere Aufgabe sein, noch weiter auf das Wesen der Deviation einzugehen, da obige Betrachtungen genügen, um zweierlei zu erkennen: **Die Größe der Ablenkung eines Kompasses ist abhängig vom Kurse, den das Schiff anliegt, sie ist ferner abhängig von der Entfernung der ablenkenden Pole von der Kompaßnadel, sie ist also für an verschiedenen Orten aufgestellte Kompasse verschieden.** Da sich in dem eisernen oder stählernen Achtersteven oder Ruderherz besonders starke Pole befinden, so ist der Kompaß von ihnen möglichst weit entfernt zu halten.

Die Deviation wird von berufsmäßigen Kompaßadjustierern bestimmt und in Steuertafeln oder sogenannten Deviationstabellen niedergelegt, sie kann aber auch vom Jachtsegler selbst ermittelt werden, wie wir später noch zeigen wollen (siehe Deviationsbestimmung und Kompensation des Kompasses).

Kursverwandeln.

Auf einer hölzernen Jacht, deren Kompaß nicht durch den Magnetismus in Eisenmassen aus dem magnetischen Meridian abgelenkt ist, können wir den vom Kompaß abgelesenen Kurs unmittelbar an den in den Seekarten eingezeichneten m/w Rosen absetzen, da bei diesen Kompassen der Kompaßkurs gleichzeitig auch m/w Kurs ist. Ist die Kompaßnadel aber abgelenkt, hat der Kompaß also Deviation, so müssen wir den Kompaßkurs erst in m/w Kurs verwandeln. Wir haben also die Frage zu beantworten, wie erhält man aus dem Kompaßkurs den m/w Kurs?

Betrachten wir untenstehende Skizze, die ein Fahrzeug darstellt, in dem sich hinten ein Südpol befindet, und nehmen wir

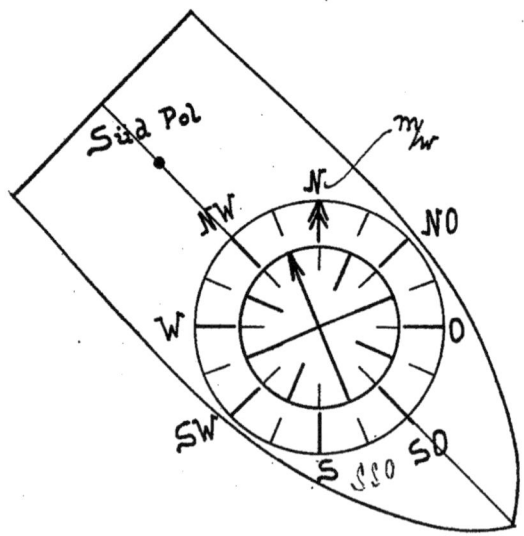

Abb. 7. Der Kompaß hat 2 Strich West-Ablenkung, der Komp.-Kurs ist SSO, der m/w Kurs SO.

an, wir hätten zwei Kompaßrosen drehbar übereinandergelegt, so daß ihre Mittelpunkte zusammenfallen. Die untere, größere Rose, deren Nordrichtung durch zwei Pfeilspitzen gekennzeichnet ist, soll durch den Südpol im Schiff nicht aus dem magnetischen Meridian abgelenkt sein, wir lesen an dem durch die Kiellinie gekennzeichneten Steuerstrich an dieser Rose daher den m/w Kurs SO ab. Bei der inneren, kleineren Rose, deren Nordrichtung durch eine Pfeilspitze gekennzeichnet ist, sei das Nordende der Kompaßnadel durch den Südpol hinten im Fahrzeug um 2 Strich nach Westen abgelenkt, diese Rose hat also 2 Strich West-Ablenkung, an ihr lesen wir mit Hilfe des Steuerstriches (Kiellinie) den Kompaßkurs SSO ab. Unsere Betrachtung ergibt also folgendes: Ist der Kompaßkurs SSO (S2O), und hat der Kompaß 2 Strich West-Ablenkung, so ist der m/w Kurs SO (S4O). Von diesen drei Größen ist uns an Bord bekannt der Kompaßkurs SSO, man liest ihn vom Kompasse ab, und die Ablenkung 2 Strich West, die man aus der Steuertabelle entnimmt. Unbekannt ist uns der m/w Kurs SO, diesen müssen wir durch Rechnung finden. Suchen wir zu dem Zwecke in Abb. 3 den Kurs S2O auf, so finden wir: um vom Kurs S2O nach dem Kurs S4O zu gelangen, müssen wir um 2 Strich (die 2 Strich West-Ablenkung), von der Rosenmitte aus gesehen, links herum oder gegen die Drehung eines Uhrzeigers herum gehen.

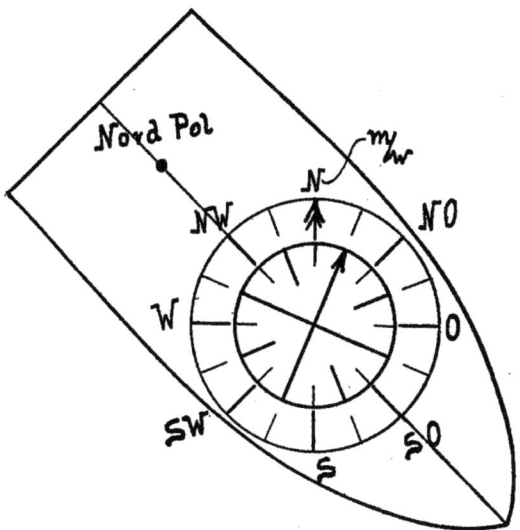

Abb. 8. Der Kompaß hat 2 Strich Ost-Ablenkung, der Kompaß-Kurs ist OSO, der m/w Kurs SO.

— Nehmen wir in Abb. 8 die gleichen Verhältnisse an, nur daß hinten im Schiff ein Nord-Pol wäre, so würde derselbe das Nordende der inneren Rose nach Osten hin ablenken, der Kompaß hätte also auf dem anliegenden Kurse eine östliche Ablenkung. Betrüge dieselbe auch 2 Strich, so würden wir an der inneren, abgelenkten Rose den Kompaßkurs OSO (S6O) ablesen, während der m/w Kurs an der äußeren Rose wieder SO (S4O) anliegt. Aus Abb. 3 ergibt sich nun: um vom Kurs S6O nach dem Kurs S4O zu gelangen, muß man 2 Strich (die 2 Strich Ost-Ablenkung) rechts herum, oder im Sinne der Drehung eines Uhrzeigers herumgehen.

Aus diesen Betrachtungen ergibt sich mithin folgende einfache Regel:

Um aus dem Kompaßkurs den m/w Kurs zu erhalten, muß man West-Ablenkung links herum, oder entgegengesetzt dem Sinne der Drehung eines Uhrzeigers, und Ost-Ablenkung rechts herum oder im Sinne der Drehung eines Uhrzeigers an den am Kompasse abgelesenen Kompaßkurs anbringen.

Dieses Kursverbessern ist das Einmaleins des Nautikers, welches er immer wieder auszuführen hat, denn alle Richtungen, die vom abgelenkten Kompasse abgelesen werden, müssen, ehe sie in die Seekarte eingetragen werden können, erst in m/w Richtungen verwandelt werden. Aber auch das Umgekehrte findet sehr häufig statt, daß man nämlich einen Kurs der Seekarte entnimmt, also einen m/w Kurs, und nun wissen will, welchen Kurs man am Kompaß zu steuern hat. Nennt man das erstere Verfahren Kursverbessern, so kann man dieses letztere entsprechend Kursverschlechtern nennen, da man an den von Deviation freien m/w Kurs den Kompaßfehler, nämlich die Ablenkung anbringen muß. Selbstverständlich muß man hierbei auch gerade umgekehrt verfahren. Um aus m/w Kurs den Kompaßkurs zu erhalten, muß man West-Ablenkung rechts herum oder im Sinne der Drehung eines Uhrzeigers, Ost-Ablenkung links herum oder im entgegengesetzten Sinne der Drehung eines Uhrzeigers an den m/w Kurs anbringen.

Da im Jachtbau Stahl und Eisen eine bedeutende Rolle spielen, heutzutage wohl fast alle neueren hölzernen Jachten auch einen gußeisernen Kiel erhalten, so ist für den Segler von solchen Fahrzeugen eine genügende Fertigkeit und Sicherheit im Kursverwandeln bei Seereisen unerläßlich. Weil wir später als sogenannte Kartenaufgaben mannigfache Seereisen auszuführen haben werden, wollen wir uns jetzt durch einige Übungsaufgaben die zum Kursverwandeln nötige Fertigkeit verschaffen.

Bei der ersten Serie von diesen Aufgaben ist immer der Kompaßkurs gegeben und der m/w Kurs wird gesucht, es soll also Kurs verbessert werden. Die dazu nötige Ablenkung entnimmt man in Strichmaß der beigegebenen Steuertafel, indem man in diese mit dem angegebenen Kompaßkurs eingeht und die daneben stehende Deviation ausnimmt. Dieselbe wird dann an den Kompaßkurs angebracht, und zwar gegen die Drehung eines Uhrzeigers, wenn sie West, mit der Drehung des Uhrzeigers, wenn sie Ost ist. Um dieses Anbringen der Deviation etwas zu erleichtern, benutzen wir für den Anfang die in untenstehender Skizze gegebene Kompaßrose. Die eingezeichneten Pfeile geben für die Musterbeispiele an, ob man vom Kompaßkurse ausgehend mit oder gegen den Uhrzeiger herumgehen muß, um den m/w Kurs zu erhalten.

Aufgabe 1. Der Kompaßkurs sei SSO. Welches ist der m/w Kurs? Lösung: In der Steuertafel Seite 23 gehen wir mit dem gegebenen Kompaßkurs SSO von der Seite in die Spalte ein, die mit Kompaßkurs überschrieben ist, und finden in der danebenstehenden mit Ablenkung überschriebenen Spalte $3/4$ Strich O Ablenkung. An der Kompaßrose (Abb. 9) suchen wir den Kompaßkurs SSO = S2O auf; gehen wir jetzt $3/4$ Strich rechts herum oder im Sinne der Drehung des Uhrzeigers (weil die Ablenkung Ost ist), wie es der Pfeil angibt, so erhalten wir $3/4$ Strich weniger Ost, also nur S1$1/4$O. Mithin ist der m/w Kurs S1$1/4$O.

Aufgabe 2. Der Kompaßkurs sei NO. Wir gehen mit NO als Kompaßkurs (abgekürzt K. K.) in die Steuertafel (St.T.) ein und finden die Abl. zu 1$1/2$O. Wir suchen an der Kompaßrose

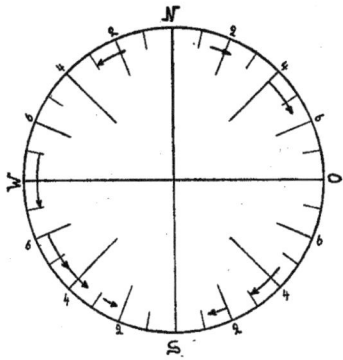

Abb. 9. Die Pfeile geben die Richtung an, wenn man vom Kompaß-Kurs ausgehend mit oder gegen den Uhrzeiger herum gehen soll, um den m/w Kurs zu erhalten.

NO = N4O auf, gehen nun $1\frac{1}{2}$ Strich rechts herum oder im Sinne der Drehung des Uhrzeigers (da die Abl. Ost ist), wie es der Pfeil angibt, so erhalten wir $1\frac{1}{2}$ Strich mehr Ost, also N5$\frac{1}{2}$O. Mithin ist der m/w Kurs N5$\frac{1}{2}$O.

Aufgabe 3. Der K. K. sei WSW. In der St. T. finden wir bei WSW K. K. die Abl. zu $1\frac{1}{2}$W. Wir gehen nun an der K. R. von WSW = S6W um $1\frac{1}{2}$ Strich links herum, oder gegen die Drehung des Uhrzeigers, (da die Abl. West ist,) und erhalten nun $1\frac{1}{2}$ Strich weniger West, also nur S4$\frac{1}{2}$W. Mithin ist der m/w Kurs S4$\frac{1}{2}$W.

Aufgabe 4. Der K. K. sei WzN. In der St. T. finden wir bei WzN 2 Strich W Abl. Wir gehen deshalb an der K. R. von WzN = N7W um 2 Striche links herum, oder gegen die Drehung des Uhrzeigers (West Abl.) und erhalten 2 Strich mehr West, also N9W = S7W als m/w Kurs.

Aufgabe 5. K. K. SW$\frac{1}{2}$W. Unser K. K. liegt in der Mitte zwischen SW und SWzW, mithin muß auch die zugehörige Abl. in der Mitte zwischen $\frac{3}{4}$W und $1\frac{1}{4}$W liegen, also 1W sein. Der m/w Kurs ist daher S3$\frac{1}{2}$W.

Aufgabe 6. K. K. N$\frac{1}{2}$O. Da unser K. K. mitten zwischen N und NzO liegt, muß die zugehörige Abl. mitten zwischen $\frac{1}{4}$W und $\frac{1}{4}$O liegen, also Null sein, daher ist der m/w Kurs auch N$\frac{1}{2}$O.

Aufgabe 7. K. K. SO$\frac{1}{2}$O. Die zugehörige Abl. liegt mitten zwischen $1\frac{1}{4}$O und $1\frac{1}{2}$O, sie wäre also $1\frac{3}{8}$O. Da wir aber achtel Striche nicht rechnen, so erhöht man die Achtelstriche immer nach dem nächst größeren Werte hin ($\frac{1}{8}$ auf $\frac{1}{4}$, $\frac{3}{8}$ auf $\frac{1}{2}$, $\frac{5}{8}$ auf $\frac{3}{4}$, $\frac{7}{8}$ auf 1). Wir rechnen für $1\frac{3}{8}$ daher $1\frac{1}{2}$O. m/w Kurs S3O.

Aufgabe 8. K. K. NzW$\frac{3}{4}$W. Unser Kurs liegt $\frac{1}{4}$ Strich von NNW entfernt. Bei NzW ist die Abl. $\frac{3}{4}$W, bei NNW aber $1\frac{1}{4}$W; daher gehört zu einer Kursänderung von einem Strich eine Deviationsänderung von $\frac{1}{2}$ Strich zu $\frac{1}{4}$ Strich Kursänderung mithin eine Deviationsänderung von $\frac{1}{8}$ Strich. Die Deviation für NzW$\frac{3}{4}$W wäre daher $1\frac{1}{4}-\frac{1}{8} = 1\frac{1}{8}$W. Da wir aber den Achtelstrich erhöhen, erhalten wir die Dev. $1\frac{1}{4}$W; m/w Kurs N3W.

Aufgabe 9. K. K. NzO$\frac{3}{4}$O. Die zugehörige Dev. liegt zwischen $\frac{1}{4} = \frac{2}{8}$ und $\frac{3}{4} = \frac{6}{8}$O, ist daher $= \frac{5}{8}$O; für $\frac{5}{8}$O rechnen wir $\frac{3}{4}$O. m/w Kurs N2$\frac{1}{2}$O.

Aufgabe 10. K. K. SSW$\frac{3}{4}$W Dev. $\frac{1}{2}$W, S2$\frac{3}{4}$W weniger $\frac{1}{2}$ gibt m/w K. S2$\frac{1}{4}$W.

Die folgenden Übungsaufgaben zum Kursverbessern sind vom Leser in gleicher Weise zu lösen. Damit derselbe sich aber von der Richtigkeit seiner Lösungen überzeugen kann, werde ich diese am Schlusse dieses Kapitels bringen.

Steuertafel.

Kompaß-kurs	Ab-lenkung	Mißw. Kurs	Ab-lenkung
Nord	¼ W	**Nord**	¼ W
NzO	¼ O	NzO	¼ O
NNO	¾ O	NNO	½ O
NOzN	1¼ O	NOzN	¾ O
NO	1½ O	NO	1 O
NOzO	1¾ O	NOzO	1½ O
ONO	1¾ O	ONO	1¾ O
OzN	1¾ O	OzN	1¾ O
Ost	1¾ O	**Ost**	1¾ O
OzS	1¾ O	OzS	1¾ O
OSO	1½ O	OSO	1¾ O
SOzO	1½ O	SOzO	1½ O
SO	1¼ O	SO	1½ O
SOzS	1 O	SOzS	1¼ O
SSO	¾ O	SSO	1 O
SzO	½ O	SzO	¾ O
Süd	¼ O	**Süd**	½ O
SzW	0	SzW	0
SSW	¼ W	SSW	½ W
SWzS	½ W	SWzS	¾ W
SW	¾ W	SW	1¼ W
SWzW	1¼ W	SWzW	1½ W
WSW	1½ W	WSW	1¾ W
WzS	1¾ W	WzS	2 W
West	2 W	**West**	2¼ W
WzN	2 W	WzN	2 W
WNW	2¼ W	WNW	2 W
NWzW	2 W	NWzW	1¾ W
NW	2 W	NW	1½ W
NWzN	1¾ W	NWzN	1¼ W
NNW	1¼ W	NNW	1 W
NzW	¾ W	NzW	½ W

Aufgaben zum Kursverbessern.

Gegeben ist der Kompaßkurs, gesucht wird der m/w Kurs. Es ist die auf Seite 23 gegebene Steuertafel zu benutzen.

1. NOzN
2. OzS
3. NWzW
4. OzN
5. SW
6. NWzN
7. West
8. ONO
9. NNW
10. NNO
11. OSO½O
12. W¾N
13. N¼O
14. NO¾N
15. NNW¼W
16. S½O
17. SSO¾O
18. WNW¾W
19. N¾O
20. N½W

Lösungen Seite 26.

Wie schon erwähnt, tritt aber auch sehr häufig der Fall ein, daß ein aus der Karte entnommener Kurs, der an der dort eingezeichneten m/w Rose abgesetzt wird, also m/w Kurs ist, in Kompaßkurs verwandelt werden soll, wenn man wissen will, welcher Kurs am Kompaß anliegen muß, um den gewünschten m/w Kurs gutzumachen. Da wir aus m/w Kurs den K. K. ableiten sollen, so ist das anzuwendende Verfahren „Kursverschlechtern". Zu dem Zwecke gehen wir mit dem uns bekannten m/w Kurs in diejenige Spalte der St. T. ein, die mit m/w Kurs überschrieben ist, und nehmen die daneben stehende Ablenkung aus. Selbstverständlich muß jetzt O Ablenkung links herum oder gegen den Uhrzeiger und W Ablenkung rechts herum oder mit dem Uhrzeiger an den m/w Kurs angebracht werden, um den zu steuernden Kompaßkurs zu erhalten Die ersten 5 Aufgaben sind als Musterbeispiele gelöst.

Aufgaben zum Kursverschlechtern.

Nr.	m/w Kurs	Ablenkung	Komp.-Kurs
1	NNO = N2O	½O	N1½O
2	SzO = S1O	¾O	S1¾O
3	NO½O = N4½O	1¼O	N3¼O
4	WSW¼W = S6¼W	1¾W	West
5	NzW¾W = N1¾W	1W	N¾W
6	OSO		
7	S½W		
8	NW¾W		
9	SzW¼W		
10	SSO¾O		
11	SW¼S		
12	NO¼N		
13	NNO¾O		
14	S¼O		
15	WNW½W		
16	SW¾W		
17	ONO¾O		
18	W¼N		
19	NzW¾W		
20	S¼W		

Lösungen Seite 26.

Lösungen zu den Kurs-Aufgaben

a) für Kurs verbessern

(Seite 24)

Nr.	Komp.-Kurs	Ab-lenkung	m/w Kurs	Nr.	Komp.-Kurs	Ab-lenkung	m/w Kurs
1.	N3O	1¼O	N4¼O	11.	S6½O	1¾O	S4¾O
2.	S7O	1¾O	S5¼O	12.	N7¼W	2W	S6¾W
3.	N5W	2W	N7W	13.	N¼O	¼W	N
4.	N7O	1¾O	S7¼O	14.	N3¼O	1¼O	N4½O
5.	S4W	¾W	S3¼W	15.	N2¼W	1¼W	N3½W
6.	N3W	1¾W	N4¾W	16.	S½O	½O	S
7.	West	2W	S6W	17.	S2¾O	1O	S1¾O
8.	N6O	1¾O	N7¾O	18.	N6¾W	2W	S7¼W
9.	N2W	1¼W	N3¼W	19.	N¾O	¼O	N1O
10.	N2O	¾O	N2¾O	20.	N½W	½W	N1W

b) für Kurs verschlechtern

(Seite 25)

Nr.	m/w Kurs	Ab-lenkung	Komp.-Kurs	Nr.	m/w Kurs	Ab-lenkung	Komp.-Kurs
6.	S6O	1¾O	S7¾O	14.	S¼O	½O	S¾O
7.	S½W	¼O	S¼W	15.	N6½W	2W	N4½W
8.	N4¾W	1¾W	N3W	16.	S4¾W	1½W	S6¼W
9.	S1¼W	¼W	S1½W	17.	N6¾O	1¾O	N5O
10.	S2¾O	1¼O	S4O	18.	N7¾W	2¼W	N5½W
11.	S3¾W	1¼W	S5W	19.	N1¾W	1W	N¾W
12.	N3¾O	1O	N2¾O	20.	S¼W	½O	S¼O
13.	N2¾O	¾O	N2O				

Die Seemeile.

Die Entfernung zweier Orte bezeichnet der Seemann als Distanz. Er mißt sie in Seemeilen. Unter Seemeile versteht man die in Metern gemessene Länge einer Bogenminute des mittleren Erdumfanges. Der Erdumfang hat, wie jeder Kreis, 360 Grad. Ein Grad hat bekanntlich 60 Minuten, mithin umfaßt der Erdumfang 360 . 60 = 21 600 Minuten. Der Erdumfang ist daher 21 600 Seemeilen groß. Da aber der mittlere Erdumfang nahezu 40 000 000 m mißt, so ist die Länge einer Minute $= \dfrac{40\ 000\ 000}{21\ 600} = 1852$ m. Eine Seemeile ist also 1852 m lang. Da aber der mittlere Erdumfang nahezu gleich dem Meridianumfang ist, so ist eine Seemeile auch gleich einer Minute des Meridians. Meridiane sind größte Kreise, die von Pol zu Pol (also Nord—Süd) streichen, sie bilden in den Seekarten den rechten bzw. linken Kartenrand und sind in Minuten eingeteilt. Ein leichtes Absetzen der Seemeilen ist also möglich.

Die Logge.

Der Kompaß gibt dem Segler die Richtung an, in der sich das Fahrzeug weiter bewegt, mit der Logge ermittelt man seine Fahrt, d. h. die Anzahl Seemeilen, die es in einer Stunde zurücklegt. Das Messen dieser Fahrt, „loggen" genannt, erfolgt entweder mit der Handlogge, der Reelingslogge oder der Patentlogge.

Als Grundlage für die Einrichtung einer Hand- oder Reelingslogge dient folgende Überlegung. Liefe das Fahrzeug in einer Stunde eine Seemeile = 1852 m, so müßte es in einer Sekunde, dem 3600. Teil einer Stunde, auch $\frac{1852}{3600}$ = 0,514 Meter zurücklegen. Man nennt diesen Wert, den man der Bequemlichkeit halber und auch wegen der beim Loggen nicht zu vermeidenden Ungenauigkeiten auf 0,5 m abkürzt, die Sekunden-Knotenlänge oder Meridian-Tertie. Läuft das Fahrzeug in einer Stunde 3 Seemeilen, so läuft es in einer Sekunde mithin auch 3 Meridian-Tertien oder 3 Knoten. Daraus folgt also umgekehrt, daß ein Fahrzeug ebenso viele Seemeilen in einer Stunde zurücklegt, wie es in einer Sekunde Meridian-Tertien oder Knoten läuft. Man erhält daher die Fahrt des Schiffes, indem man eine gewisse Anzahl Meridian-Tertien (je 0,5 m lang) durch die zum Zurücklegen dieser Strecke benötigte Anzahl Sekunden dividiert.

Die Reelingslogge und ihre Benutzung. Man mißt längs Deck der Jacht in gerader Richtung eine möglichst große Strecke in Metern ab, bezeichnet Anfangs- und Endpunkt dieser Strecke und dividiert die Anzahl Meter durch 0,5 (oder multipliziert sie mit 2), so erhält man die Länge in Meridian-Tertien. Zur Ermittelung der Fahrt wirft ein Mann, der beim vorderen Mark steht, einen schwimmenden Gegenstand, wie ein Stückchen Holz, Kork oder dergleichen an der Leeseite nach vorne zu über Bord und ruft „stopp", wenn der schwimmende Gegenstand das vordere Mark passiert. Ein am hinteren Mark mit einer Uhr mit Sekundenzeiger aufgestellter Beobachter ermittelt nun die Anzahl Sekunden, die der schwimmende Gegenstand gebraucht, um vom vorderen zum hinteren Mark zu gelangen. Dividiert man die Anzahl Meridian-Tertien durch die Anzahl Sekunden, so erhält man die Fahrt in Knoten, oder die Anzahl Seemeilen (nicht Knoten), die das Fahrzeug in einer Stunde zurücklegt. Angenommen, die abgemessene Strecke betrüge 8 m oder 16 Meridian-Tertien. Zum Zurücklegen dieser Strecke würden 5 Sekunden gebraucht, so wäre die Fahrt = 16 : 5 = 3,2 Knoten.

Es ist einleuchtend, daß bei der Kürze der auf Jachten zur Verfügung stehenden abzumessenden Strecke Ungenauigkeiten in der Zeit einen großen Einfluß auf die ermittelte Fahrt haben werden, und zwar um so mehr, je kürzer die Zeit, also je größer die Fahrt ist. Deshalb empfiehlt sich für Jachten mehr die folgende Einrichtung.

Die Handlogge für Jachten. Aus einem etwa 10—12 mm starken Brettchen aus Buchenholz schneidet man das sogenannte Loggscheit aus, einen Kreissektor, dessen Zentriwinkel etwa 70—90⁰ beträgt und dessen Radius etwa 15 cm lang ist. Die drei Ecken des Loggscheites werden durchbohrt, und am Bogen wird soviel Blei angenagelt, daß das Loggscheit senkrecht im Wasser schwimmt und ungefähr bis zur Spitze eintaucht. Nun nimmt man etwa 30—40 m (je länger, desto besser) einer Flaggenleine, befestigt den einen Tamp (der Seemann nennt das Ende einer Leine

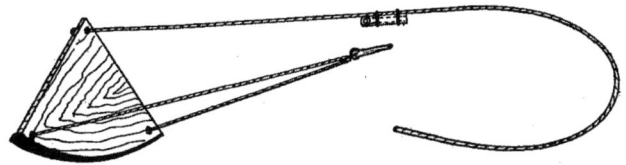

Abb. 10. Loggscheit mit Leine.

den „Tamp oder Tampen") am Heck mittels eines Karabinerhakens, wirft die Buchten der Leine über Bord und läßt sie so längere Zeit nachschleppen, dadurch wird sie eingeweicht, und die Törns drehen sich aus. Nach längerer Zeit holt man die Leine ein und läßt sie etwas ablecken. Nachdem man eine Länge von gut einem Meter von der Leine abgeschnitten hat, schert man den Tampen derselben durch das im Zentriwinkel befindliche Loch des Loggscheites und schlägt einen Knoten in denselben. Nun werden die beiden Tampen des abgeschnittenen Stückes durch die anderen beiden Löcher des Loggscheites geschoren und durch Knoten gesichert. In der Mitte der Bucht wird ein Holzpflock befestigt, welcher in einen an der eigentlichen Loggleine in gleichem Abstande angenähten Hohlzylinder hineinpaßt und in demselben durch Reibung gehalten wird. Nun mißt man die Länge der Leine sorgfältig in Metern nach und schießt sie in großen Buchten am Heck auf.

Beim Loggen verfährt man folgendermaßen. Der Tamp wird am Heck festgemacht. Nachdem der Stöpsel in den Hohlzylinder gesteckt ist, bewaffnet man sich mit einer Sekundenuhr, wirft das Loggscheit vom Heck aus in Lee über Bord und liest die Uhr ab. Das Loggscheit stellt sich senkrecht im Wasser und bildet so einen festen Punkt. Die ausrauschende Leine läßt man lose durch die Hand gleiten. Am plötzlichen Ruck wird man gewahr, wenn die Leine steif kommt, also ganz ausgelaufen ist. Nachdem man die Uhr jetzt abermals abgelesen hat, gibt man an der Leine einen Ruck. Wenn nicht schon beim ersten Ruck, so wird sich jetzt der Stöpsel aus dem Zylinder lösen, das Loggscheit legt sich flach auf das Wasser und kann leicht eingeholt werden. Die Leine wird wieder in großen Buchten am Heck aufgeschossen zum nächstmaligen Gebrauch, oder zusammengebunden und aufgehängt. Dividiert man nun die in Meridian-Tertien verwandelten Anzahl Meter durch die Anzahl Sekunden, die verflossen sind zwischen dem Überbordwerfen des Loggscheits und dem Steifkommen der Leine, so erhält man die Fahrt in Knoten.

Man sagt z. B. „Die Jacht läuft 3 Knoten oder 3 Seemeilen in einer Stunde", es ist aber ganz falsch zu sagen „Die Jacht läuft 3 Knoten in einer Stunde", wie aus obiger Entwickelung ersichtlich ist. Nach einer Stunde oder nach einer Änderung im Kurse, Wind oder Segelführung loggt man von neuem oder berichtigt die geloggte Fahrt durch Schätzung. Bei einer neuen Loggleine empfiehlt es sich, das Loggscheit nach dem Loggen hin und wieder noch längere Zeit hinter dem Fahrzeuge herzuschleppen, damit durch den auf die Leine ausgeübten Zug dieselbe genügend gereckt wird. Selbstverständlich muß die Anzahl der Sekunden-Knotenlängen dann wieder durch Nachmessen festgestellt werden. In Lee sollte deshalb immer geloggt werden, damit die Leine nicht in den hinter dem Fahrzeuge hersetzenden Sog gelangt.

Es ist einleuchtend, daß die nach obigem Verfahren ermittelte Fahrt nur eine ungefähre Stichprobe ergibt, die um so ungenauer ist, je weniger oft geloggt wird; außer anderem ist auch die nicht immer gleiche Länge der Leine, die sich je nach Feuchtigkeitsgehalt und Temperatur verändert, eine Fehlerquelle, ein häufigeres Nachmessen der Leine ist deshalb geboten.

* * *

Die Patentlogge. Muß man bei der Handlogge erst die ermittelte Fahrt mit der Zeitdauer der Segelung, ausgedrückt in Stunden, multiplizieren, um die zurückgelegte Distanz zu erhalten, so gibt uns die Patentlogge unmittelbar die zurückgelegte Distanz an. Die Einrichtung dieser Logge ist folgende: Eine Flügelwelle oder Schraube wird an einer geklöppelten Leine hinter dem Fahrzeug hergeschleppt. Durch den Stoß des Wassers auf die Flügel der Schraube wird diese in Drehungen versetzt und überträgt dieselben mittels der Leine auf ein am Heck angebrachtes Uhrwerk, dessen beide Zeiger die zurückgelegte Distanz in Zehntel, Ganzen und Zehner Seemeilen angeben. Da die Patentlogge also eine dauernde Fahrtmessung vornimmt, so ist einleuchtend, daß die durch dieses Instrument ermittelte Distanz bedeutend zuverlässiger ist, als jene, die durch Handlogge berechnet wurde. Aber auch die Patentlogge hat ihre Mängel. Es ist ersichtlich, daß die Schnelligkeit, mit der die Umdrehungen der Schraube erfolgen, abhängig ist von der Steigung, welche die Schraubenflügel haben. Nun sind fast alle Patentloggen für eine Fahrt reguliert, welche Jachten nur selten erreichen. Läuft die Jacht weniger Fahrt, so wird der metallene Propeller wegen seiner Schwere nicht mehr horizontal durchs Wasser geschleppt, sondern in schräger Richtung. Der Stoß des Wassers auf die Schraubenflügel ist mithin ein anderer, die Logge zeigt zu wenig Fahrt. Ferner sind bei vielen Instrumenten die Schraubenflügel zu klein, um bei einer geringen Fahrt den Reibungswiderstand der Leine im Wasser zu überwinden.

Um diesen Mängeln abzuhelfen, hat die Firma C. Plath, Hamburg, nebenstehendes Jachtlogg konstruiert. Bei demselben ist die Schraubenwelle aus Holz, die Flügel sind genügend groß und verstellbar eingerichtet,

Abb. 11. Das innere Getriebe eines Patentloggs.

so daß sie der Segler, wenn nötig, seinen Anforderungen entsprechend selbst regulieren kann. Um das einen guten Gang notwendige Reinigen und Ölen des Uhrwerks bequem vornehmen zu können, ist das Gehäuse leicht zu öffnen. Wird das Patentlogg nicht mehr gebraucht, so kann man die Logge einholen und nach einem kräftigen Druck auf die am Logguhrträger angedeutete Feder diesen aus der Decksplatte herausziehen.

Um die Patentloggen auf ihre Zuverlässigkeit prüfen zu können, läuft man aus der Seekarte bekannte Distanzen ab und vergleicht sie mit den Angaben der Patentlogge. Sollte Strom vorhanden sein, so hätte man einmal mit, das andere Mal gegen den Strom zu segeln und das Mittel zu bilden.

Aufgabe. Zwei Bojen liegen nach der Seekarte 3,4 Seemeilen entfernt. Die Patentlogge zeigt für diese Strecke aber nur 2,9 sm an. Mit welcher Zahl hat man die Angaben der Logge zu multiplizieren, um die wirklich zurückgelegten Seemeilen zu erhalten?

Auflösung. Da 2,9 Meilen der Patentlogge = 3,4 wirklichen Seemeilen sind, so ist eine Patentloggemeile = $\frac{3,4}{2,9}$ = 1,2 wirklichen Seemeilen, d. h. wir müssen alle Angaben der Patentlogge mit 1,2 multiplizieren, um die richtige zurückgelegte Distanz zu erhalten. Will man nicht jedesmal die Umrechnung ausführen, so versucht man, die Logge durch Verstellen der Schraubenflügel zu regulieren. Da die Logge zu wenig zeigt, müssen die Flügel steiler gestellt werden. Will man eine ganz genaue Regulierung vornehmen, so geschieht dies durch Verkürzen oder Verlängern der Loggleine. Verkürzt man die Leine, so wird dadurch ihre Reibung im Wasser verringert, die Logge läuft schneller, verlängert man sie, so findet das Umgekehrte statt.

Es ist erklärlich, daß die Bestimmung der Fahrt für jeden Segler von großem Interesse und beim Wandersegeln auf See von Bedeutung für die Ortsbestimmung ist. Um sich in der Folge von dem Gebrauch der Meßinstrumente teilweise unabhängig zu machen, sollte es jedem Segler zur Gewohnheit werden, die jeweilige Fahrt durch Schätzung zu bestimmen, wobei Windstärke, Segelführung, Bugwelle, das Verhalten des nachgeschleppten Beibootes usw. zweckdienliche Anhaltspunkte geben. Selbstverständlich muß man diese Schätzungen erst durch häufige Fahrtmessungen kontrollieren, ehe man eine genügende Sicherheit im Schätzen der Geschwindigkeit erlangt. Eine zuverlässige Kontrolle besteht z. B. darin, daß man aus der Seekarte ermittelte Entfernungen abläuft und die dazu benötigte Zeit feststellt. Z. B. zum Durchsegeln einer 1,2 Seemeilen

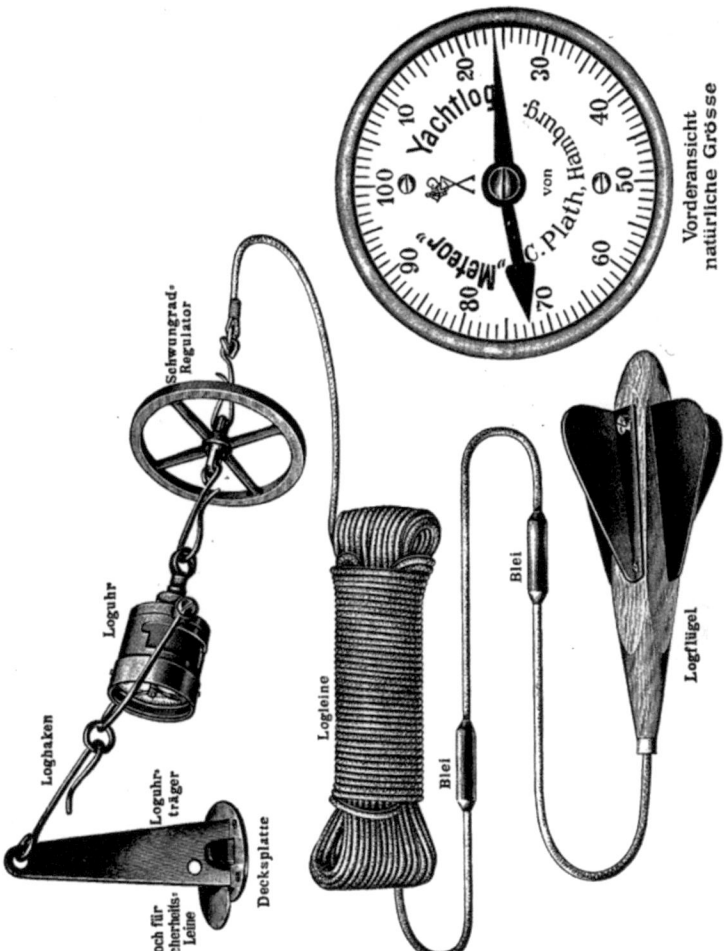

Abb. 12. Patentjachtlogg von Plath-Hamburg.

Benützt man zur Ablesung nur den kleinen Zeiger, so liest man etwas mehr als 72 sm ab. Benützt man aber beide Zeiger, so ergibt sich: 70 sm (kleiner Zeiger) + 24 zehntel sm (großer Zeiger), als Summe mithin 72,4 sm.

Will man nur die Fahrt ermitteln, so beobachtet man am großen Zeiger, wieviele zehntel sm derselbe in 6 Minuten, einer zehntel Stunde, sich weiter bewegt hat, ebensoviele volle sm läuft die Jacht in einer Stunde.

langen Strecke gebraucht man 17 Minuten (eine Genauigkeit auf Minuten genügt). Wieviel Fahrt läuft man? 1,2 Seemeilen : 17 Minuten = x Seemeilen : 60 Minuten. Daraus folgt $x = \frac{1,2 \cdot 60}{17}$ = 4,2 Knoten. — Ist die Distanz eine größere, so genügt es, wenn man die Zeit in Zehntelstunden in Rechnung zieht (je 6 Minuten gleich einer zehntel Stunde). Z. B. Eine Strecke von 6,4 Seemeilen durchsegelt man in 1 Stunde 22 Minuten. 6,4 Seemeilen : 1,4 Stunden = x Seemeilen : 1 Stunde. Daraus folgt 6,4 : 1,4 = 4,6 Knoten.

Das Lot.

Außer Kompaß und Logge ist das Lot dem Segler von Bedeutung.

Beim Befahren von seichten Gewässern, beim Aufsuchen eines geeigneten Ankerplatzes und auch zur Ortsbestimmung bei unsichtigem Wetter holt er sich von ihm in der Seekarte Rat und Auskunft.

Das auf Jachten gebräuchliche Handlot ist aus Blei hergestellt, 3—5 Kilogramm schwer und hat die Form einer abgestumpften Pyramide, deren untere Grundfläche eine Höhlung aufweist, in welche die sogenannte Lotspeise, gut durchgekneteter Talg gedrückt wird, damit sich beim Aufschlagen des Lotes auf den Meeresboden Teile desselben in den Talg eindrücken (die Grundprobe) und heraufgeholt werden können. Am oberen Ende des Lotes ist ein Stropp befestigt, in welchen die Lotleine eingesteckt werden kann.

Als Lotleine benützt man eine ungeteerte Leine von etwa 2 cm Umfang, also etwas stärker als die Loggleine, damit man sie bequem mit der Hand fassen kann, und ungefähr 20—25 Meter Länge. Nachdem man in den einen Tamp der Leine ein langes Auge gespleißt hat, trifft man mit ihr dieselben Vorbereitungen wie mit der Loggleine, schleppt sie also an einem Wirbelhaken eine Zeitlang hinter dem Fahrzeug her. Hierauf steckt man das lange Auge der Leine durch den Stropp am Lot, streift das Auge über das Fußende des Lotes und holt den Steg dicht.

Über die Einteilung der Lotleine besteht keine Vorschrift. Es empfiehlt sich, folgende Markung vorzunehmen: bei 1 und 6 Meter spleißt man ein kurzes Stück Bindfaden in die Lotleine und schlägt in den einen etwas länger herausstehenden Tampen desselben einen Knoten. Bei 2 und 7 Metern läßt man beide Tampen des Bindfadens etwas über die Leine herausragen und schlägt in jeden Tampen einen Knoten. Bei 3 und 8 Meter schlägt man in den einen

Tampen zwei, in den anderen einen Knoten; bei 4 und 9 Meter werden in jeden Tampen zwei Knoten geschlagen. 5 Meter werden durch 5 Knoten, 10 Meter hingegen durch einen kleinen Lederlappen mit einem Loch bezeichnet. Da es bei der Bestimmung einer Wassertiefe von über 10 Meter auf so große Genauigkeit nicht ankommt, so genügt es, wenn man nur 13 Meter durch einen Lappen von schwarzem Tuch, 15 Meter durch einen solchen von weißer und 17 Meter von roter Farbe, 20 Meter durch einen Lederlappen mit 2 Löchern kennzeichnet.

Da die Länge der Lotleine je nach Temperatur, Feuchtigkeitsgehalt und Gebrauch Änderungen unterworfen ist, sollte man es sich zur Pflicht machen, sie von Zeit zu Zeit nachzumessen, um sich über die richtige Anbringung der Marken Gewißheit zu verschaffen. Der Aufbewahrungsort des Lotgeschirrs muß derart gewählt sein, daß man seiner jederzeit habhaft werden kann, wenn man es plötzlich gebrauchen sollte.

Die Seekarte.

Als wichtigstes Hilfsmittel für den Nautiker ist die Seekarte zu bezeichnen. Sie liefert demjenigen, der sie zu lesen versteht, so außerordentlich wertvolle Aufschlüsse, daß wir uns besonders eingehend mit ihr zu beschäftigen haben.

Da es nicht möglich ist, ein größeres Stück der Erdoberfläche ohne Verzerrung in der Ebene auszubreiten, so haben alle Kartenprojektionen gewisse Mängel und Vorzüge und demzufolge nur bedingte Verwendung. Nur die sogenannte Mercator-Projektion entspricht den Anforderungen, die der Seemann an eine Karte stellt, nämlich, daß die gesteuerten Kurse in der Karte als gerade Linien abgesetzt werden können, d. h. die auf der Erdoberfläche nach den Polen hin sich einander nähernden Meridiane müssen in der Karte parallel laufen; ferner daß die Kurse in der Karte denen auf der Erdoberfläche entsprechen, und sich auch die Distanzen leicht absetzen lassen.

Um eine Karte zu erhalten, die diesen Forderungen genügt, kann man nach folgender Vorstellung verfahren. Man denke sich einen Globus mit einer elastischen Oberflächenschicht bedeckt und dieselbe von den Polen aus längs den Meridianen bis beinahe zum Äquator aufgeschnitten. Schält man nun diese Schicht vom Globus ab, so erhält man eine Reihe zusammenhängender Kugelzweiecke, die man wohl in einer Ebene ausbreiten kann, wenn man die Streifen nur schmal genug wählte (Abb. 13a). Allein das Bild der Erdoberfläche wird durch die vorhandenen Zwischenräume gestört. Um diese Störung zu beseitigen, denken wir uns die einzelnen Kugelzweiecke so in die Breite gezogen, daß ihre Ränder sich berühren, mithin die Meridiane parallel laufen (Abb. 13b). Wir erhalten so wohl ein zusammenhängendes Bild der Erdoberfläche, aber es entspricht nicht mehr der Wirklichkeit, da alles in ost-westlicher Richtung verzerrt wurde, und um so mehr, je größer der Zwischenraum, also die geographische Breite war; denn die Breitenparallele wurden so lang gemacht wie der Äquator, die

die auf dem Äquator liegende gleich große Insel unverändert blieb. Selbstverständlich würde eine solche Karte eine ganz falsche Vorstellung vom Verlaufe der Küsten geben (mit Ausnahme der Gegenden in der Nähe des Äquators) und zur Entnahme von Kursen und Distanzen nicht brauchbar sein. Dehnt man nun aber die einzelnen Felder dieser Karte im selben Verhältnis in der Richtung Nord-Süd aus, wie es in der Ost-West-Richtung geschah, d. h. um so mehr, je größer die Zwischenräume waren, so wird das ovale kleine Eiland auf 60° Breite wieder kreisrund, es ist wohl größer geworden, als es vorher war, aber es ist seinem Abbilde auf dem Globus bzw. auf der Erdoberfläche absolut ähnlich (Abb. 13c).

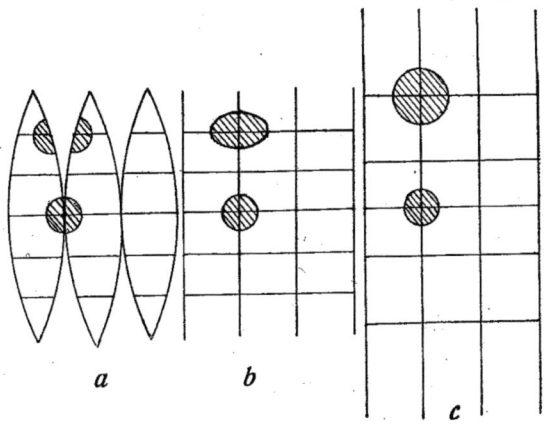

Abb. 13. Entstehung der Merkator-Karte.

Mithin ist der Kurs in der Karte auch derselbe wie auf der Erdoberfläche; er ist auch eine gerade Linie, da die Meridiane parallel laufen. Aber auch der dritten Forderung wird diese Karte gerecht. Da eine Seemeile gleich einer Minute des Meridians ist, so brauchen wir nur die abzusetzende Anzahl Seemeilen vom rechten oder linken Kartenrande querab von der Gegend, in der man sich befindet, mit dem Zirkel als Minuten abzugreifen.

Es ist einleuchtend, daß die Seekarten alles das enthalten müssen, was für den Nautiker zur Ortsbestimmung und zur Feststellung des zu steuernden Kurses zu wissen notwendig ist. Das grau getonte und von schwarzen Linien umgebene Bild des Landes zeigt den Verlauf der Küste, Erhebungen im Gelände, Baken, Windmühlen, Kirchen, Feuertürme und sonstige von See aus sichtbare

Landmarken. Bei den Feuertürmen, deren geographische Lage durch einen schwarzen Punkt in der Karte gekennzeichnet wird, ist ihre Sichtweite für 5 Meter Augeshöhe (siehe Feuer in der Kimm) sowie ihre Charakteristik durch Beischriften und einen eingezeichneten Kreisbogen, die sogenannte Kennung, ersichtlich gemacht (siehe Befeuerung). Auch ist durch entsprechende farbige Sektoren die Farbe des Leuchtfeuers, ob weiß, rot oder grün, angedeutet. In den von der Küste mehr abliegenden Landgebieten sind Vertonungen (Abbildungen) von besonders auffallenden und wichtigen Küstenpartien abgebildet, wie sie dem Beschauer von einem angegebenen Standpunkte von See aus erscheinen.

Um die Gestaltung des Meeresboden darzustellen, werden die Grenzen der Wassertiefen von 2, 4 und 6 Meter durch Tonung, und von 10, 20, 40, 100 und 200 Meter durch punktierte und gestrichelte Linien als sogenannte Tiefengleichen bezeichnet. Während + + an Land Kirchen bezeichnen, bedeuten dieselben im Wasser unter der Meeresoberfläche befindliche Felsen bzw. Steine. Die in der Karte verstreuten Zahlen geben die Wassertiefe in Metern an, und zwar für das mittlere Niedrigwasser bei Springzeit, also das niedrigste Niedrigwasser, damit der Seemann die geringste Wassertiefe erfährt, die er an dem betreffenden Orte erwarten kann. Nur in den Karten der Ostsee, Sund und Belten, in denen sich keine Gezeitenströmungen (Ebbe und Flut) geltend machen, sondern nur Triftströmungen auftreten (vom Winde erzeugte Strömungen), beziehen sich die Tiefenangaben auf mittleren Wasserstand. In diesen Gebieten kann es daher auch vorkommen, daß man weniger Wasser lotet, als in der Karte verzeichnet ist; so sind im Alsensund bei Sonderburg größte Schwankungen bei Ost- und Weststürmen bis zu 1,30 Meter über oder unter Mittelwasser beobachtet worden. Die bei den Zahlen stehenden Abkürzungen geben die Grundproben an, und zwar bedeutet br braun, dkl dunkel, f fein, g gelb, gb grob, gr grau, hl hell, K Kies, kl klein, L Lehm, M Muscheln, r rot, s schwarz, Sd Sand, Sk Schlick, Sp Sprenkel, St Steine, w weiß, Unr Gr unreiner Grund usw.

Die für die Schiffahrt besonders wichtigen Tonnen und Feuerschiffe sind an den betreffenden Stellen verhältnismäßig groß eingezeichnet, einerseits um die Aufmerksamkeit auf sich zu lenken, anderseits auch, um eine Darstellung ihrer Gestalt zu ermöglichen. Durch Abkürzungen wie w, s, r, gn wird ihr Farbenanstrich bezeichnet (siehe Betonnung). Die geographische Lage aller Seezeichen und Landmarken wird durch die Mitte ihrer Grundlinie angegeben, nur bei den Kirchen bezeichnet die Mitte des Kreuzes dieselbe.

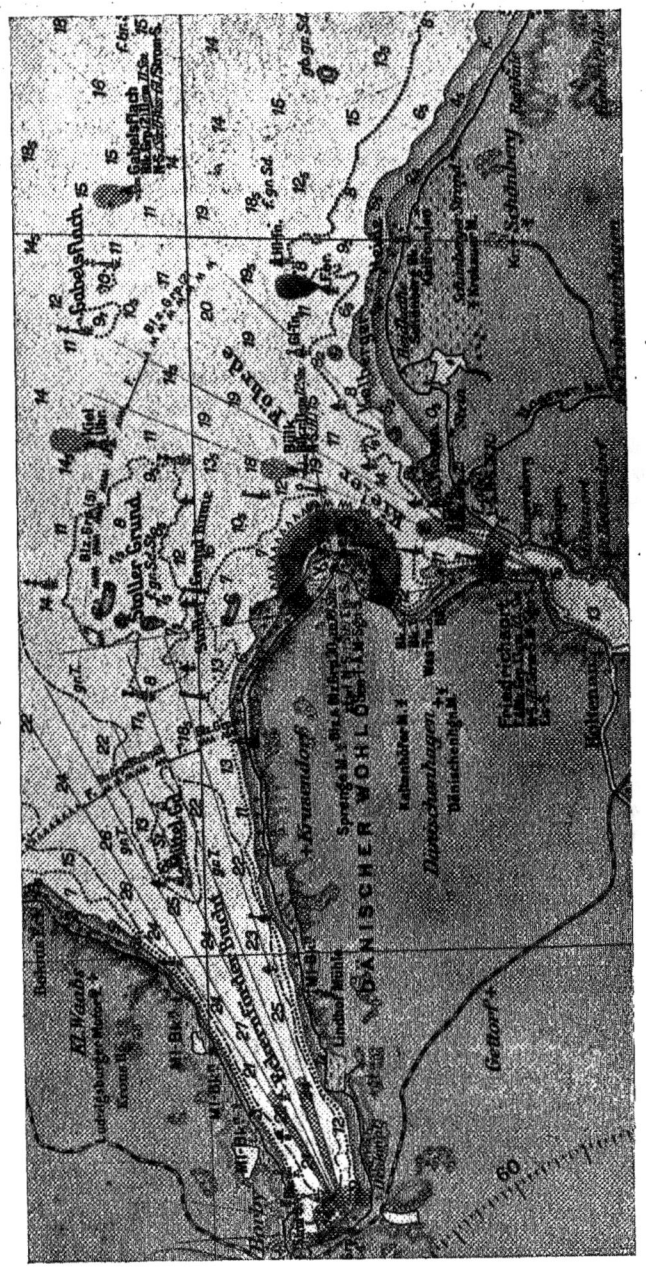

Abb. 14. Ein Stück aus einer Seekarte: Die Kieler und die Eckernförder Bucht.

An geeigneten Stellen sind in der Karte Kompaßrosen eingezeichnet, bei den deutschen Admiralitätskarten in der Regel eine rechtweisende Rose mit Teilung von 0^0 bis 360^0 und innerhalb dieser eine mißweisende Rose in Graden und Strichen. Die für diesen Ort gültige Ortsmißweisung ist ebenfalls in der Rose angegeben. An einer freien Stelle der Karte ist der Titel derselben, ihr Maßstab, sowie sonstige wissenswerte Angaben enthalten. Ein blauer Stempel links unten am Rande der Karte gibt an, bis zu welchem Tage die Karte berichtigt worden ist.

Die vollständige Ausnützung aller der in der Seekarte angegebenen Anweisungen für die Schiffahrt ist selbstverständlich nur dann möglich, wenn der Navigateur es versteht, die Karte zu lesen. Er muß daher mit den in der Karte vorkommenden Zeichen und Abkürzungen vollkommen vertraut sein. Ein sorgfältiges Einprägen der in Abb. 15 gegebenen Erklärung der Zeichen ist deshalb von Bedeutung. Bei der „Befeuerung" und „Betonnung" kommen wir noch auf Abb. 14 zurück.

Es ist einleuchtend, daß eine Karte um so ausführlicher sein kann, je größer ihr Maßstab ist. Am kleinsten ist derselbe bei den Übersichtskarten, vom Seemann „Übersegler" genannt. Im Verhältnis von 1 : 1—2 Millionen gezeichnet stellen sie meistens ganze Meere dar und dienen zum Entwurf größerer Reisen. Zur Festlegung des Schiffsortes und Bestimmung des Kurses auf offener See dienen die Segelkarten, die im Verhältnis 1 : 300 000 bis 600 000 gezeichnet werden. In den Küstenkarten, deren Maßstab 1 : 100 000 bis 150 000 ist, wird der Hauptwert auf genaue Wiedergabe der Küste und die Tiefenverhältnisse in der Nähe des Landes gelegt. Die Spezialkarten stellen Teile einer Küste oder eines Fahrwassers im Maßstabe 1 : 25 000—50 000 dar, während die Pläne nur einzelne Häfen, Ankerplätze und kleine Fahrwasserteile im Maßstabe 1 : 20 000 und größer wiedergeben.

Von allen Seekarten sind die vom Reichsmarineamt herausgegebenen deutschen Admiralitätskarten (zu beziehen vom Kommissions-Verlag Dietrich Reimer, Berlin SW, Wilhelmstr. 29, sowie von in verschiedenen Häfen befindlichen Vertriebsstellen und den Seekarten-Berichtigungs-Instituten) die besten der Welt. Ihr klarer und übersichtlicher Druck, die Reichhaltigkeit und Zuverlässigkeit ihrer Angaben machen sie zu richtigen Kunstwerken, welche von schwedischen, dänischen oder englischen Karten auch nicht annähernd erreicht werden. Ein Preisverzeichnis ist von obengenannten Stellen kostenlos zu beziehen.

Erklärung der Zeichen in den Seekarten.

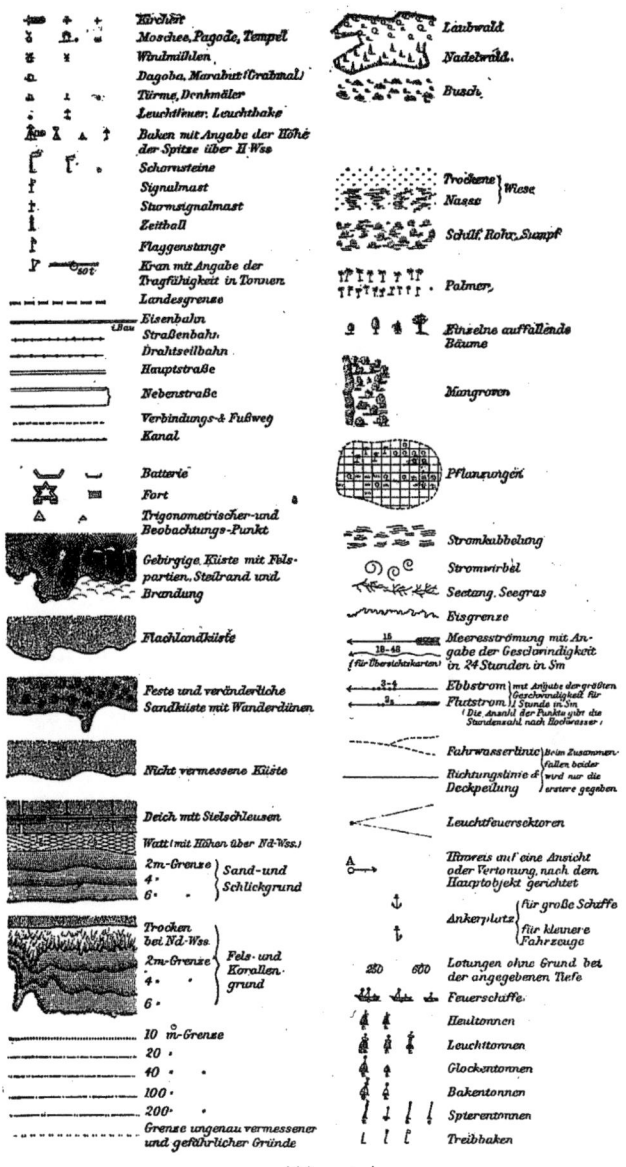

Abb. 15.

(Fortsetzung nächste Seite.)

Erklärung der Zeichen in den Seekarten.

Symbol	Bedeutung	Symbol	Bedeutung
	Inseln mit nebenstehender Höhenangabe		Spitze Tonnen
	Stein im Nd-Wss. Spiegel		Stumpfe Tonnen
+(3)	Stein 3m unter dem Nd-Wss-Spiegel		Kugeltonnen (Telegraphen- und Quarantänetonnen)
+(m3)	Stein 3m über dem Nd-Wss-Spiegel		Deviations- & Festmache-Tn.
	Steine mit unbekanntem Wasserstand darüber		Pricken
	Grenze von felsigen Gründen (auch Riffgrund) in Tiefen über 6 m		Stangenseezeichen
			Dalben
	Strömungsgrenze		Wracks
	Riffe und Gründe von unbekannter Ausdehnung		

Abb. 15.

Zu einer Jachtreise im westlichen Teil der Ostsee, dem Sund und den Belten würde man Karte Nr. 69 als Segelkarte benötigen. Wollte man seine Reise bis Bornholm ausdehnen, so käme noch Nr. 209 hinzu. Die Auswahl der zu solchen Reisen notwendigen Küstenkarten wird durch umstehende Übersichtskarte erleichtert (welche von obiger Firma oder von den Kartenvertriebsstellen zu beziehen ist). Eine Anschaffung von Hafenplänen erübrigt sich, da dieselben in dem noch zu besprechenden Segelhandbuch gegeben sind.

Ältere Seekarten werden von den „Seekarten-Berichtigungs-Instituten" in Bremerhaven, Bremen und Hamburg gegen eine verhältnismäßig geringe Gebühr berichtigt.

Karten sollten niemals aufgerollt, sondern immer flachliegend aufbewahrt werden. Damit dies an Bord einer Jacht möglich ist, muß man sie in 4 Teile falten. Unter den Sofakissen in der Kajüte finden sie dann einen passenden Platz.

Um den Leser mit dem Gebrauch der Seekarte und auch mit der Örtlichkeit vertraut zu machen, werden wir in der Folge alle Aufgaben zur Ortsbestimmung und auch die am Schlusse zu machenden Jachtreisen der Karte Ostsee, westlicher Teil, Nr. 69 südliches Blatt entnehmen und in dieser Karte auch zu lösen haben.

Diesen Zwecken dient die beigegebene Übungskarte, welche einen lithographischen Ausschnitt dieser Seekarte darstellt. Der größeren Übersichtlichkeit wegen sind mehrere für den Jachtsegler unwesentliche Tiefenangaben weggelassen, ebenso auch die bunten Farben der Leuchtfeuer, da dieselben in der lithographischen Wiedergabe nur schwarz erscheinen würden. Das Weglassen der Farben ist aber insofern ohne Bedeutung, da in den Leuchtsektoren durch Beischriften stets angegeben ist, ob das Feuer rot oder grün scheint.

*   *   *

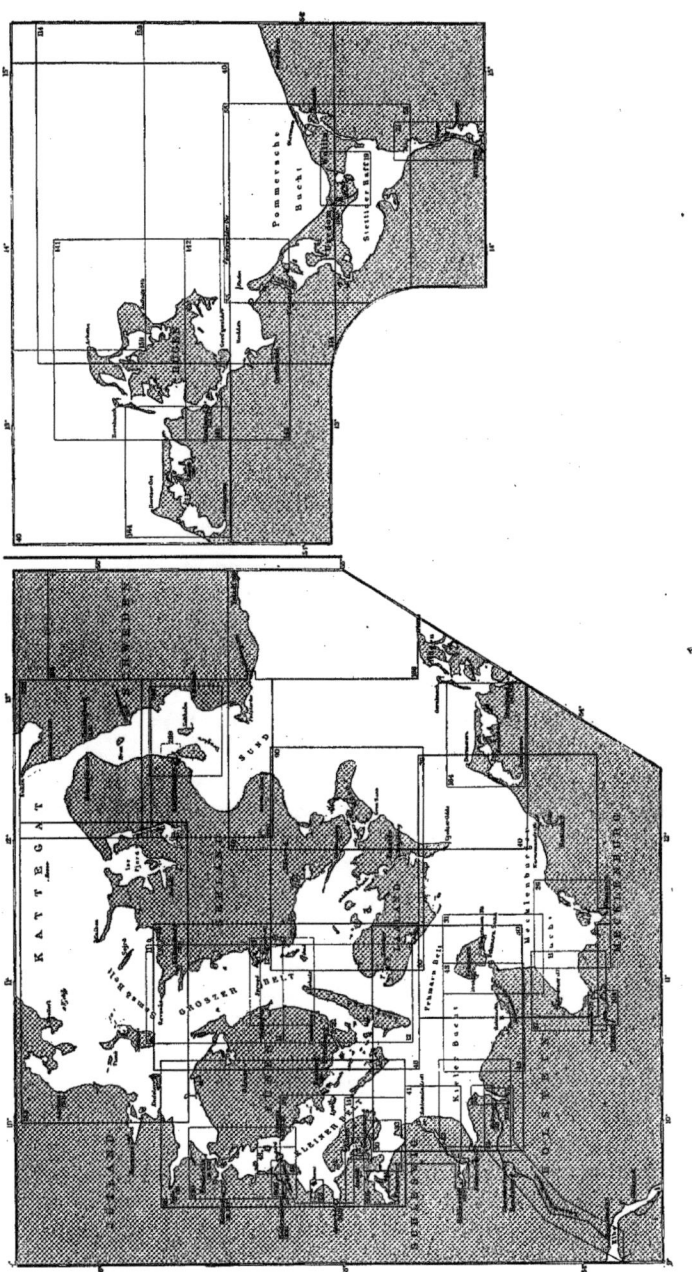

Abb. 16. Übersichtskarte für die Küsten- und Sonderkarten der Ostsee.

Betonnung.

(Siehe Abb. 14 u. 15.)

Die Bezeichnung der Fahrwasser und Untiefen der deutschen Küstengewässer geschieht nach Beschluß des Bundesrats in folgender Weise:

Die Eingänge zu den Fahrwassern werden entweder durch Feuerschiffe oder Bakentonnen (Tonnen mit einem gerüstartigen Aufbau), zu denen auch Heul-, Leucht- oder Glockentonnen gehören, bezeichnet. Steuerbord-Seite eines Fahrwassers ist diejenige Seite, welche man von See kommend an St. B. hat. Verbindet ein Fahrwasser zwei Meeresteile, (z. B. Fehmarn-Sund), so ist als St. B.-Seite diejenige anzusehen, die aus westlicher Richtung kommende Schiffe an St. B.-Seite haben.

Zur Bezeichnung der St. B.-Seite eines Fahrwassers dienen rote Spierentonnen, rote stumpfe Tonnen, rote Spieren-Baken (Dalben) oder Stangenseezeichen. Die Backbord-Seite wird gekennzeichnet durch schwarze spitze Tonnen, schwarze Baken ohne Spieren oder Pricken (in den Grund gesteckte Baumzweige). Die St. B.-Seezeichen tragen große lateinische Buchstaben, von See aus beginnend mit A, die B. B.-Seezeichen hingegen weiße arabische Ziffern. Außerdem können alle diese Seezeichen zur besonderen Charakteristik noch besondere Toppzeichen tragen. Zur Bezeichnung der Enden von Mittelgründen, welche im Fahrwasser liegen, oder um abzweigende Fahrwasser zu bezeichnen, dienen Bakentonnen, die ein stehendes Kreuz als Toppzeichen fahren und rot und schwarz senkrecht gestreift sind zum Zeichen, daß man sie an beiden Seiten passieren kann (siehe Abb. 14 Mittel Gd in Eckernförder Bucht).

Die außerhalb des Fahrwassers liegenden Bänke werden durch weißgestrichene Spieren- oder Bakentonnen bezeichnet: Liegen sie an den Rändern der Untiefen, so tragen sie folgende Toppzeichen: Zwei Kegel mit den Spitzen nach oben, wenn nördlich; mit den Spitzen nach unten, wenn südlich; mit den Spitzen einander zugekehrt, wenn westlich und mit den Spitzen voneinander abgekehrt, wenn östlich von der Bank liegend (Abb. 14 Stoller Grund, Gabels Flach). Das auf der Untiefe selbst befindliche Seezeichen trägt als Toppzeichen eine Trommel. Ist diese weiß und schwarz gestreift, so kann man sich ihr bis auf geringen Abstand nähern. Alle diese weißen Seezeichen tragen in schwarzer Schrift den Namen der Untiefe und die Bezeichnung der Himmelsrichtung, in der sie selbst zur Untiefe liegen.

Wracke werden durch grüngestrichene spitze, stumpfe oder Faßtonnen bezeichnet, die auch oben erwähnte Toppzeichen fahren können und in weißer Aufschrift das Wort Wrack tragen. Sie können auch durch grüngestrichene Feuerschiffe ersetzt werden, welche das Wort Wrack in weißer Aufschrift zeigen und an einer Raa zwei schwarze Bälle senkrecht untereinander an der passierbaren Seite fahren, während die dem Wrack zugekehrte, also nicht passierbare, Seite durch einen schwarzen Ball gekennzeichnet ist.

Die Lage von Telegraphenkabeln wird durch grüngestrichene Kugeltonnen bezeichnet, die in weißer Aufschrift entweder den Buchstaben T oder das Wort Telegraph tragen. In der Verbindungslinie zweier Telegraphentonnen darf nicht geankert werden.

Gelbgestrichene spitze, stumpfe oder Faßtonnen bezeichnen die Grenzen von Quarantänegründen.

Dampfbagger führen an der zu passierenden Seite einen roten Ball, bei Nacht ein rotes Feuer über einem weißen, an der nicht passierbaren Seite aber nur ein weißes Licht.

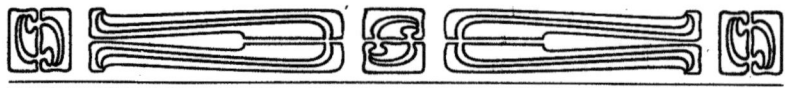

Befeuerung.

Die von Feuertürmen, Feuerschiffen oder Leuchttonnen gezeigten Leuchtfeuer haben die Aufgabe, den Nautiker nachts auf die Nähe des Landes aufmerksam zu machen, mittels derselben seinen Schiffsort zu bestimmen, und um an den Küsten und zwischen Bänken seinen Kurs verfolgen zu können. Die dem ersteren Zweck dienenden See- oder Küstenfeuer haben daher im allgemeinen eine bedeutende Sichtweite und sind so an den Küsten verteilt, daß ein Feuerkreis in den anderen übergreift, so daß ein in nicht zu großem Abstande von der Küste segelndes Fahrzeug immer in Sicht eines Feuers sich befindet und oft sogar zwei Feuer zur genauen Ortsbestimmung zur Verfügung hat. Um eine Verwechslung der einzelnen Feuer miteinander zu vermeiden, werden zur Kenntlichmachung benachbarter Feuer möglichst verschiedene Lichterscheinungen gewählt.

Man versteht unter „Schein" hierbei die Lichterscheinung von längerer Dauer zwischen zwei verhältnismäßig kurzen Verdunkelungen oder zwischen zwei Farbenwechseln; unter „Blink" das Aufleuchten aus verhältnismäßig langer Dunkelheit oder aus schwachem Lichte heraus, während ein „Blitz" ein Blink von weniger als 2 Sekunden Dauer ist. Der ein Feuer kennzeichnende Verlauf seiner Lichterscheinung wird „Kennung" genannt. Zu unterscheiden sind folgende Arten der Kennung, die, wie schon erwähnt, in der Seekarte durch besonders gezeichnete Kreise und Beischriften angedeutet sind.

Unter Festfeuer versteht man ein Feuer, welches ununterbrochen leuchtet, während ein unterbrochenes Feuer Scheine mit darauf folgender kurzer Verdunkelung zeigt. Zu den Küstenfeuern werden wegen der nötigen großen Sichtweite fast ausschließlich weiße Feuer benutzt, die entweder unterbrochenes Feuer, Blink-, Blitz- oder Mischfeuer sind.

In Abb. 17 sind die in der Karte (siehe Abb. 14) für die verschiedenen Feuer eingezeichneten Kennungen angegeben. Es bedeutet:

1. Ein festes Feuer, d. h. ein Feuer, welches ohne Unterbrechung scheint und entweder ein weißes, rotes oder grünes Licht zeigt. Die Abkürzung in der Karte ist: F., F. r., F. gn.

2. Ein unterbrochenes Feuer mit Einzelunterbrechungen. Der Schein ist länger als die Verdunkelung. Ubr., Ubr. r., Ubr. gn.

3. Ein unterbrochenes Gruppenfeuer von 4 Unterbrechungen, d. h. 3 Scheine von kürzerer und 1 Schein von längerer Dauer bilden eine Gruppe. Ubr. Grp. (4).

4. und 5. Wechselfeuer, die Farbe wechselt, d. h. weiße Scheine wechselnd mit roten bzw. grünen Scheinen. Wchs. w. r.; Wchs. w. gn.

13a. Wechselfeuer, weiße Blinke wechselnd mit roten Blinken.

6. Blinkfeuer mit Einzelblinken weiß, rot oder grün. Blk., Blk. r., Blk. gn.

7. Blinkgruppenfeuer mit 3 Blinken. Durch die längere Verdunkelung werden 3 Blinke zu einer Gruppe vereinigt. Blk. Grp. (3).

9. Blitzfeuer mit Einzelblitzen weiß, rot oder grün. Blz., Blz. r., Blz. gn.

11. Blitzfeuer mit Gruppenblitzen. Blz. Grp. (2).

8., 10., 12. und 13b. Mischfeuer sind Feuer, bei denen die Kennung wechselt oder Kennung und Farbe wechselt. Mi. Zeigt ein Feuer Sektoren verschiedener Kennung, so sind die Bezeichnungen durch & verbunden.

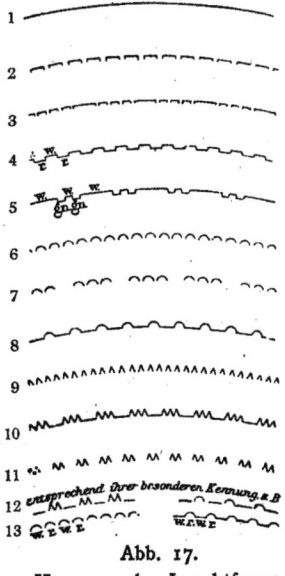

Abb. 17. Kennung der Leuchtfeuer.

Die besonderen Zwecken dienenden Feuer sind entweder:

1. Leitfeuer, welche für sich durch Sektoren verschiedener Kennung ein Fahrwasser, eine Hafeneinfahrt bezeichnen, oder bei freiem Seeraum zwischen Untiefen hindurchführen. Die Leitsektoren selbst zeigen weißes Festfeuer, während an der Steuerbordseite des Leitsektors das Feuer grün oder eine ungerade Blitzzahl, an der Backbordseite rot oder eine gerade Blitzzahl zu sehen ist. (Siehe Abb. 14, Kieler Föhrde und Eckernförder Bucht.)

2. **Richtfeuer.** Diese bestehen aus zwei an verschiedenen Orten derart aufgestellten Feuern, daß ihre Verbindungslinie, Deckpeilung genannt, durch ein Fahrwasser, in eine Hafeneinfahrt oder zwischen Untiefen klar führt. Man hat diese Feuer in Deckpeilung, wenn das höhere Feuer, Oberfeuer genannt, gewöhnlich ein weißes Festfeuer, genau senkrecht über dem niedrigeren Feuer, Unterfeuer, gewöhnlich ein Blitz-, Blink- oder unterbrochenes Feuer, gepeilt wird.

3. **Quermarkfeuer** sind weiße, grüne oder rote Festfeuer, die durch Übergang von rot oder grün in weiß anzeigen, daß man bei einer Biegung des Fahrwassers von der einen Richtfeuerlinie in eine andere zu steuern hat.

4. **Wrackfeuer.** Werden zur Bezeichnung von Wracks Leuchttonnen ausgelegt, so zeigen dieselben, wenn sie von See kommenden Schiffen an St. B. passiert werden sollen, ein grünes Blitz- oder Blinkfeuer von 3 Blitzen oder Blinken; sollen sie aber an B. B. passiert werden, ein grünes unterbrochenes Feuer von 4 Unterbrechungen (also an St. B. eine ungerade, an B. B. eine gerade Zahl). Ragt das Wrack teilweise über die Wasserfläche empor, so brennt ein grünes Licht über einem weißen. Wrackfeuerschiffe führen 3 weiße Lichter in derselben Anordnung, wie sie bei Tage die Bälle fahren, also 2 Lichter an der passierbaren, ein Licht an der dem Wrack zugekehrten Seite. Sichtet man auf See ein grünes Blink- oder Blitz-Gruppenfeuer von 2 Blinken oder Blitzen, so bedeutet dies, daß die Wracktonne NO-lich vom Wrack liegt, während die SW-lich vom Wrack liegende Tonne ein grünes Unterbrochenes-Feuer mit Einzel-Unterbrechungen zeigt.

Als Kennzeichen, daß eine Hafeneinfahrt oder ein Fahrwasser gesperrt ist, werden an auffälliger Stelle in oder in der Nähe der Hafenansteuerung vier rote Feuer senkrecht übereinander gezeigt.

Werden zur Bezeichnung eines Fahrwassers Leuchttonnen

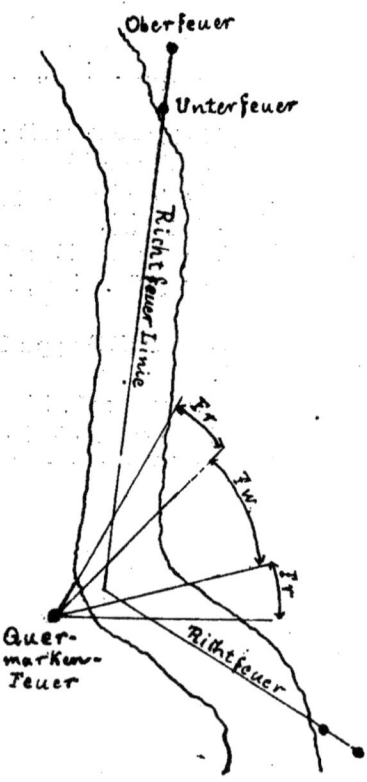

Abb. 18. Richt- und Quermarkenfeuer.

ausgelegt, so zeigen dieselben an St. B.-Seite des Fahrwassers weiße Blitz- oder Unterbrochene-Feuer mit ungerader Blitzzahl (1 oder 3), an B. B.-Seite hingegen rote Blitz- oder Unterbrochene-Feuer mit gerader Blitzzahl (2).

Alle Feuertürme, Leuchtbaken und Feuerschiffe sind durch ihre charakteristische Form und ihren Anstrich auch als Tagmarken ausgebildet. Um sie leicht ausmachen zu können, sind sie an geeigneten freien Stellen der Seekarte in besonders großem Maßstabe naturgetreu abgebildet. Feuerschiffe haben alle einen roten Anstrich mit der Aufschrift ihres Namens in großen weißen Buchstaben. Sie führen bei Tage ebensoviele Bälle im Topp wie sie nachts Feuer zeigen.

Außer dem Zeigen von Feuern haben die Feuerschiffe und vereinzelte Feuertürme, die an besonders hervorspringenden Küstenpunkten liegen, auch die Aufgabe, bei Nebel durch Abgabe von Nebel-Signalen (N-S), den Schiffsführer auf die bedrohliche Nähe des Landes aufmerksam zu machen und ihm, unterstützt durch Lotungen eine wenn auch nur angenäherte Ortsbestimmung zu ermöglichen. Diese Nebelsignale werden entweder mit einer Preßluft-, elektrischen oder Dampf-Sirene, mit einem Nebel-Horn, einer Glocke oder Gong, einer Trompete oder durch Kanonenschüsse gegeben und sind je nach den Verhältnissen bis über 10 Seemeilen hörbar. Da aber der Schall häufig von der Meeresoberfläche abprallt und große Gebiete überspringt, so darf man sich nie darauf verlassen, daß man ein Nebelsignal sicher wird hören können.

Denselben Zwecken wie die Nebelsignale dienen die von einzelnen Feuerschiffen (z. B. Gabelsflach in Abb. 14) abgegebenen Unterwasserschallsignale (U-Wss-Gl), die auf größere Entfernung vernehmbar sind, wenn man im Vorschiff möglichst tief unter dem Wasserspiegel sein Ohr an die Bordwand legt.

An einzelnen Küstenpunkten, die wegen vorspringender Riffe der Schiffahrt besonders gefährlich werden, oder an sehr stark befahrenen Hafeneinfahrten werden auch Heul- oder Glockentonnen ausgelegt, welche durch den Seegang in Tätigkeit gesetzt werden und je nach den Luftverhältnissen mehr oder weniger weit hörbar sind (Abb. 14, Kieler Föhrde).

In dem vom Reichsmarineamt alljährlich neu herausgegebenen Verzeichnis der Leuchtfeuer aller Meere sind diese Leuchtfeuer geographisch geordnet ausführlich beschrieben. Ferner wird Auskunft erteilt über die mittlere Sichtweite der Feuer bei 5 m Augeshöhe über dem Wasserspiegel (siehe Feuer in der Kimm), über Nebelsignale oder sonstiges Wissenswerte, was auf das Feuer bzw. den Leuchtturm Bezug hat. Diese Verzeichnisse sind von E. S. Mittler & Sohn, Berlin SW 68, Kochstr. 68—71, oder den Seekarten-Berichtigungs-Instituten zu beziehen. Teil I: Ostsee, Teil II: Belte, Sund, Kattegat und Skagerack, Teil III: Nordsee bis zum Polarkreis.

Um den Navigateur schon beim Einblick in die Karte auf die Leuchtfeuer und ihre besonderen Eigentümlichkeiten aufmerksam zu machen, sind in der Seekarte die schwarzen Punkte, welche die Position des Leuchtfeuers anzeigen, noch durch einen zinnoberroten Fleck hervorgehoben. Durch hellgelbe, purpurrote oder grasgrüne Farbenflecke ist auch noch die Farbe, die das Feuer zeigt, gekennzeichnet. (In Abb. 14 sind diese Farbenflecke durch die photographische Wiedergabe schwarz geworden.) Durch eingezeichnete Kennung und abgekürzte Beischriften ist seine Charakteristik so eingehend kenntlich gemacht, daß sich im allgemeinen eine Benutzung des Feuerbuches erübrigt.

So sehen wir in Abb. 14 bei Gabels-Flach-Feuerschiff: Blk. Grp. (2) 11,2 m 11 Sm N-S. (Sir. U-Wss-Gl.) Strom-S., d. h. Gabels-Flach-Feuerschiff zeigt ein weißes (weil keine Farbe angegeben ist) Blink-Gruppen-Feuer von zwei Blinken, die Höhe des Feuers über dem Wasserspiegel ist 11,2 m, es ist aus 5 m Augeshöhe auf eine Entfernung von 11 Seemeilen sichtbar. Ferner gibt es bei Nebel mit einer Sirene und Unter-Wasser-Glocke Nebelsignale und außerdem Strom-Signale. — Bülk Feuerschiff: Blk. r. 11,2 m 12 Sm N.-S. (H) zeigt ein rotes Blinkfeuer, das sich 11,2 m über dem Wasserspiegel befindet und aus 5 m Augeshöhe 12 Sm weit sichtbar ist. Bei Nebel werden mit einem Horn Signale gegeben. — Friedrichsort: zeigt ein weißes, festes Feuer und Blitz-Gruppenfeuer, 13,6 m über dem Wasserspiegel, bei 5 m Augeshöhe 10,5 Seemeilen sichtbar, Nebel-Signale mit Horn, Sturm-Signale, Eis-Signale. Die eingezeichnete Kennung und die dieser zugefügten Beischriften machen ersichtlich, daß das feste Feuer der Leitsektor ist, der klar von Stoller Grund und Gabels Flach in die Kieler Föhrde führt. An der Backbord-Seite des Leitsektors zeigt es zwei Blitze (gerade Blitzzahl), an der Steuerbord-Seite hingegen fünf Blitze (ungerade Blitzzahl). —

Bülk Feuerturm zeigt ein Blitz- und Blitz-Gruppenfeuer von drei Blitzen und zwar bestreicht, wie die Kennung zeigt, das Blitzgruppenfeuer die Kieler Föhrde bis Bülkfeuerschiff, während der eine Blitz den Sektor vom Feuerschiff bis Westkante des Stoller Grund bestreicht. Das Feuer ist 30,2 m hoch über dem Wasserspiegel und 16 sm weit sichtbar bei 5 m Augeshöhe, zeitweilig werden Nebelsignale mit einer Sirene gegeben, d. h. wenn Bülk-Feuerschiff nicht auf Station liegt. Ferner werden Sturm-Signale (siehe Wetternachrichten und Sturmwarnungswesen) gezeigt, See-Telegraphen-Anstalt, Marine-Signal-Station, Eis-Signale.

Die Segelhandbücher.

Die Seekarten können nicht alles enthalten, was zu einer sicheren Navigation nötig ist. Sie finden daher ihre Ergänzung in den vom Reichsmarineamt und der deutschen Seewarte herausgegebenen Segelhandbüchern, neuerdings auch „Seehandbücher" genannt. Diese geben Aufschluß über die in dem betreffenden Meeresteile zu den verschiedenen Jahreszeiten vorherrschenden Winde, Strömungen und die zur sicheren Fortsetzung der Reise zu wählenden Kurse. Die Küste sowie die dieser vorgelagerten Sände und Riffe und die zu ihrer Bezeichnung dienenden Tonnen und Baken werden eingehend beschrieben. Bei den einzelnen Häfen wird auf die sicherste Ansteuerung aufmerksam gemacht, wobei überall Abbildungen von bemerkenswerten Küstenpartien, Hafenansichten, Feuertürmen, Landmarken und Seezeichen die Erklärungen wertvoll unterstützen und ergänzen. Ferner wird über Lotsen, Ankerplätze, einzelne Reviere, Deckpeilungen sowie sonstiges Wissenswerte erschöpfende Auskunft erteilt. Nachträgliche Änderungen werden in den vom Reichsmarineamt nach Bedarf erscheinenden Nachträgen veröffentlicht und den Besitzern von Segelhandbüchern kostenlos nachgeliefert. Die Verwendung dieser Nachträge ist so gedacht, daß die im Nachtrag gegebenen Ergänzungen und Berichtigungen herausgeschnitten und an den betreffenden Stellen im Segelhandbuch eingeklebt werden.

Im allgemeinen sind Segelhandbücher für den Navigateur einer Jacht nicht nötig, da er wegen des geringen Tiefganges seines Fahrzeuges nicht solche Vorsicht anzuwenden braucht wie bei einem tiefgehenden Schiff. Zu einem Besuch der dänischen Inseln ist aber die Anschaffung des „Handbuches für Belte und Sund" warm zu empfehlen, da dasselbe die Hafenpläne aller in sein Gebiet fallenden dänischen Häfen enthält. Seehandbücher sind im Vertrieb von Dietrich Reimers, Berlin SW, Wilhelmstr. 29, von den Kartenvertriebsstellen oder den Seekarten-Berichtigungs-Instituten zu beziehen.

Wetternachrichten und Sturmwarnungswesen.

Von besonderem Interesse für den Jachtsegler sind die von der Deutschen Seewarte an den deutschen Küsten verbreiteten telegraphischen Witterungsberichte. Diese beziehen sich auf 8 Uhr morgens mittel-europäische Zeit und werden an allen Tagen an den meisten Hafenplätzen der Ost- und Nordsee noch vor Mittag ausgehängt. Diese Telegramme geben einen Überblick über die herrschenden Luftdruckverhältnisse, sowie häufig eine Mitteilung über den wahrscheinlichsten Verlauf der Witterung unter besonderer Berücksichtigung der zu erwartenden Winde. Außer diesen Mitteilungen enthalten sie eine Zusammenstellung des Luftdruckes, Windes, Wetters und Seeganges von gewissen wichtigen in- und ausländischen Küstenorten.

Neben diesen sogenannten Hafentelegrammen kommen auch noch die täglichen Wetterberichte der Deutschen Seewarte in den sogenannten Wetterkästen zum Aushang. Als wertvolle Ergänzung enthalten diese Wetterkästen noch ein unter ständiger Kontrolle der Deutschen Seewarte stehendes Aneroid-Barometer, dessen gelber, einstellbarer Zeiger vom Beobachter an jedem Morgen auf den zu dieser Zeit herrschenden Stand eingestellt wird, so daß die im Laufe des Tages eingetretene Änderung des Luftdruckes sofort zu ersehen ist.

Die wichtigste Ergänzung des regelmäßigen Wetternachrichtendienstes bildet das von der Deutschen Seewarte geleitete Sturmwarnungswesen, das die Aufgabe hat, die Küste telegraphisch auf den Eintritt stürmischer Winde vorzubereiten. Diese bei gefahrdrohender Wetterlage veröffentlichten Sturmwarnungen enthalten Angaben über die zu erwartende Richtung und Stärke des herannahenden Sturmes sowie das zu heißende Sturmsignal. Eine solche Sturmwarnung bezieht sich nicht allein auf den betreffenden Ort, sondern gilt auch für seine Umgebung innerhalb eines Kreises von 50 Sm. Radius. Wenn geringe Gefahr zur Zeit des Erlasses einer Sturmwarnung zu bestehen scheint, wobei jedoch auf Grund der weiteren Entwicklung der Wetterlage Winde mit der Stärke 6 und 7 nicht ausgeschlossen sind, so wird am Signalmast der Sturmwarnungsstelle als Zeichen, daß eine atmosphärische Störung vorhanden ist, bei Tage ein Ball als Windwarnung geheißt, nachts wird die Windwarnung nicht angezeigt. Als Warnung vor einem Sturm von mindestens Windstärke 8, dessen Richtung nicht angebbar ist, wird das Signal „Zwei Kegel mit der Basis einander zugekehrt", nachts eine rote Laterne gesetzt. Weitere Angaben sind dann aus dem Telegramm zu ersehen. Besteht zur Zeit des Erlasses ein hoher Grad der Wahrscheinlichkeit für den Eintritt stürmischer Winde aus bestimmten Richtungen, so werden am Signalmast folgende Signale gesetzt, und zwar bedeutet: ein Kegel mit der Spitze nach oben, nachts zwei rote Laternen, Sturm aus NW; ein Kegel mit der Spitze nach unten oder zwei weiße Laternen, Sturm aus SW; zwei Kegel mit der Spitze nach oben oder eine rote Laterne über einer weißen, Sturm aus NO und umgekehrt Sturm aus SO. Eine gleichzeitig geheißte rote Flagge bedeutet, daß der Wind vermutlich über N-O-S-W drehen, also „ausschießen" wird; während zwei rote Flaggen ein Linksdrehen über N-W-S-O „krimpen" des Windes angeben. Kleinere Stationen zeigen für jedes der 5 möglichen Sturmsignale des nachts nur eine rote Laterne. Die dänischen Sturmsignale werden nur bei Tage gegeben und gleichen den deutschen Tagsignalen.

Außer diesen Nachtsignalen der Sturmsignal-Stationen werden seitens der beiden deutschen Fischereikreuzer und von Helgoland aus mit Scheinwerfern Sturmsignale gegen den Himmel gegeben, und zwar nach folgenden Grundsätzen: Ein kurzer Schein von etwa 3 Sekunden Dauer entspricht der Spitze des Kegels, ein langer Schein von etwa 9 Sekunden Dauer der Basis desselben. Kreise allein, abwechselnd rechts oder links herum bedeuten den Ball, also die Windwarnung.

Es bedeuten mithin die Scheinwerfer-Signale: — —— Sturm aus NW; —— — Sturm aus SW; — —— —— Sturm aus NO; —— — — Sturm aus SO; — —— —— das Sturmwarnungssignal. Nur in einer Drehrichtung gegebene Kreise deuten an, daß der Wind links oder daß er rechts herum drehen wird.

Da die von Helgoland gegen den Himmel gegebenen Scheinwerfersignale aus weiter Entfernung, sowohl von der Weser wie Elbemündung aus sichtbar sind, so ist deren Beachtung dem Nordseesegler dringend zu empfehlen.

In den deutschen Seekarten sind die Sturm-Signalstationen mit Strm-S. bezeichnet, siehe Abb. 14 bei Bülk und Friedrichort.

Es kann dem Jachtsegler nicht dringend genug empfohlen werden, vor Verlassen eines Hafens sich durch Studieren der Wetternachrichten ein Bild von der allgemeinen Wetterlage zu machen und vor dem Auslaufen oder beim Passieren von Sturm-Signal-Stationen diesen besondere Aufmerksamkeit zu schenken.

Außer den obigen Mitteilungen werden auch noch Windsignale gegeben, z. B. beim Hohenweg Leuchtturm in der Wesermündung (siehe Abb. 25. Der Beschauer sieht hier den Turm von der Rückseite, von der Jade her, daher die umgekehrten Windrichtungen). Diese Angaben werden dreimal am Tage für 7 Uhr vormittags, 12 Uhr mittags und 6 Uhr nachmittags zur Anschauung gebracht. Es bedeutet 1 Flügel: Windstärke 1—2, 2 Flügel: Windstärke 3—4 usw. Um Windstille zu signalisieren, wird bei herabhängenden Flügeln der Zeiger auf Süd eingestellt. Stehen außerdem noch zwei Flügel schräg nach oben, so kündigt dieses Signal eine neue Windmeldung oder Störung an.

Die oben angegebenen Wind- bzw. Sturmwarnungssignale gelten stets bis zum Abend des auf den Tag ihrer Ausgabe folgenden Tages. Wenn die Wetterlage sich aber noch nicht hinreichend geklärt hat, bleiben sie hängen bis zum Abend des folgenden Tages. Es kann mithin öfters der Fall eintreten, daß der Segler trotz geheißter Sturmwarnung nach See gehen wird, wenn er aus Wolkenbildung, Barometerstand und anderen Anzeichen den sicheren Schluß zu ziehen vermag, daß es sich ausgeweht hat und er die herrschende Windrichtung zur Ausführung einer schnellen Reise auszunützen vermag.

Die terrestrischen Standlinien.

Wenn sich die Jacht in der Nähe der Küste befindet, so erfolgt die Bestimmung des Schiffsortes vermittels der in der Karte eingezeichneten Wassertiefen, Landmarken und Seezeichen unter Benutzung des Lotes, der Logge und des Kompasses. Die Position aller Landmarken und Seezeichen wird, wie schon erwähnt, durch die Mitte ihrer Grundlinie angegeben, welche bei Tonnen und Feuerschiffen noch besonders durch einen kleinen Kreis gekennzeichnet ist. Bei Kirchen ist sie die Mitte des Kreuzes, bei Feuertürmen der schwarze Punkt.

Da man einen Punkt der Karte als Schnittpunkt zweier Linien festlegen kann, so erfordert die Ermittelung des Schiffsortes auch immer zwei Beobachtungen. Jede einzelne dieser Beobachtungen ergibt eine Linie in der Karte, auf welcher sich die Jacht zur Zeit der Beobachtung befunden haben muß. Eine solche Linie, die durch Beobachtung terrestrischer Objekte (im Gegensatz zu astronomischen Objekten) festgelegt werden kann, nennt der Seemann eine terrestrische Standlinie. Solche terrestrischen Standlinien erhält man durch Lotungen, Peilungen in Sicht befindlicher Landmarken und Seezeichen und Abstandsbestimmungen.

Lotungen.

Lotungen sind in Gewässern mit nicht zu großer Wassertiefe ein wichtiges Hilfsmittel, nicht allein zur Bestimmung der jeweiligen Wassertiefe, sondern auch zur Ortsbestimmung beim Ansteuern von Land bei unsichtigem Wetter. Allerdings ist hierbei notwendig, daß der Meeresboden regelmäßig ansteigt; denn wo wechselnde Wassertiefen wirr durcheinander liegen, vermögen auch mehrere Lotungen keinen Aufschluß zu geben.

Soll gelotet werden, so verfährt man in folgender Weise: Nachdem das Lot an der Lotleine befestigt worden ist (siehe Lot), stellt man sich mit Lot und Leine bewaffnet an der Luvseite der Jacht auf und steckt den losen Tamp der Leine irgendwo fest. Hierauf läßt man die Jacht in den Wind schießen, wirft, wenn die Fahrt ziemlich aus dem Fahrzeug heraus ist, das Lot, indem man es an der Leine schwingt, möglichst weit voraus und läßt die Leine durch die Hand rauschen. Am Nachlassen der Geschwindigkeit der ausrauschenden Leine wird man gewahr, wenn das Lot den Grund berührt hat. Nun holt man die Leine steif, läßt das Lot nochmals auf den Grund stoßen und liest die Wassertiefe an den Marken der Leine ab, wenn sie genau auf und nieder steht. Darauf wird die Leine eingeholt, zum nächsten Gebrauch klar zum Laufen aufgeschossen und die Grundprobe von der Lotspeise abgeschnitten.

Wie schon im Kapitel Seekarte erwähnt, sind in der Karte, um über den Verlauf der Wassertiefen einen besseren Überblick geben zu können, die Linien gleicher Wassertiefen von 2, 4, 6, 10, 20, 40 m usw. eingezeichnet (siehe Abb. 14). Diesen sogenannten Tiefengleichen hat man beim Aufsuchen seiner Lotung in der Karte besondere Aufmerksamkeit zu schenken. Man kann sich dann die für die gemachte Lotung gültige Tiefengleiche selbst ziehen, indem man in der Nähe des mutmaßlichen Schiffsortes die in der Karte aufgesuchten, der gemachten Lotung entsprechenden Wassertiefen durch eine aus freier Faust gezogene Linie verbindet. Dieselbe ist dann eine Standlinie, auf welcher sich die Jacht zur Zeit der Lotung befunden haben muß. Selbstverständlich kann diese eine Standlinie allein niemals den Schiffsort ergeben. Will man aus Lotungen Schlüsse auf seinen Schiffsort ziehen, so müssen dieselben nach Zurücklegen von einiger Distanz häufiger wiederholt, und die gemachten Lotungen dann in der Karte unter Berücksichtigung des gesteuerten Kurses und der zurückgelegten Distanzen in Übereinstimmung gebracht werden. Unter Umständen können auch aus der an der Lotspeise haftenden Grundprobe wichtige Aufschlüsse gezogen werden.

Peilungen.

Unter Peilung in bezug auf Ortsbestimmung versteht der Seemann das Festlegen der Richtung, in der sich ein gesichtetes Objekt vom Beobachter befindet. Das Peilen geschieht mit dem Kompaß. Zu dem Zwecke visiert man über den Kompaß hinweg nach dem zu peilenden Objekte hin. Um diese Richtung bestimmen zu können, hält man einen Arm ausgestreckt in der Richtung des zu peilenden Objektes, die offene Handfläche senkrecht, den Daumen als Visierstift aufgerichtet, man „peilt über den Daumen" und versucht, die vom Arm angegebene Richtung am Kompaß zu schätzen. Selbstverständlich ist dieses Peilungsverfahren ein ganz rohes, und sind Fehler bis zu einem Strich oft nicht zu vermeiden. Übung im Verfahren vergrößert die Genauigkeit.

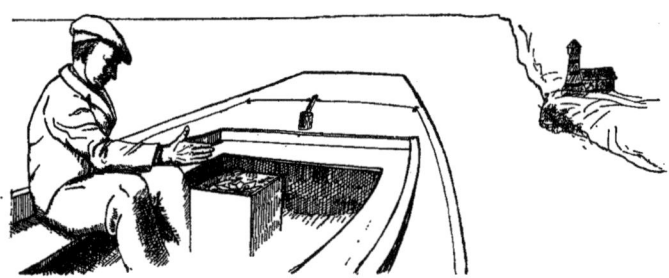

Abb. 19. Man peilt über den Daumen.

Ist der Kompaß so hoch aufgestellt, daß er über den Rand der Plicht hinwegragt, so legt man ein hölzernes Lineal (aber ohne eiserne Feder) hochkant über die Mitte des Kompasses und visiert an der Kante dieses Lineals nach dem zu peilenden Objekt hin. Am Kompaß liest man dann die vom Lineal angegebene Richtung ab.

Um genauere Werte zu bekommen und weil häufig auch der Kompaß so tief in der Plicht aufgestellt ist, daß man über den Rand derselben oder den vorderen Decksaufbau nicht hinwegpeilen kann, verfährt man folgendermaßen: Segelt man bei dem Winde oder mit raumem Winde und sichtet eine Landmarke voraus in Lee oder achteraus zu luvard, so fällt man mit der Jacht soweit ab, bis die Landmarke recht voraus bzw. achteraus ist. Der dann am Kompaß anliegende Kurs ist auch gleichzeitig die Peilung des voraus befindlichen, der entgegengesetzte Kurs die Peilung des achteraus befindlichen Objektes. Ist die betreffende Landmarke aber zu luvard etwas vorlicher, oder in Lee etwas achterlicher als dwars, so fällt man soweit ab, bis man das Objekt an der Achterkante des Decksaufbaues entlang sehend, also quer ab, peilt. Da jetzt die Peilung rechtwinklig zum Kurse liegt, so muß man an den bei der Peilung am Kompaß anliegenden Kurs 8 Strich anbringen, und zwar rechts herum, oder mit dem Uhrzeiger, wenn man das Objekt rechts vom Kurse, also an Steuerbord gepeilt hatte; hingegen links herum oder gegen den Uhrzeiger, wenn man es links vom Kurse, also an Backbord peilte. Unter Umständen kann man selbstverständlich auch durch Anluven das betreffende Objekt voraus, achteraus oder dwars bringen.

Angenommen, man hat raumen Wind von St. B. ein und sichtet etwas vorlicher als dwars an B. B. in Lee einen Feuerturm, welchen man zu peilen wünscht. Nachdem man soweit angeluvt hat, daß man den Feuerturm quer ab in Lee längs der Achterkante des Kajütsaufbaues peilt, liegt am Kompaß SSO½O an. Da der Feuerturm an B. B., also links vom anliegenden Kurse gepeilt wurde, müssen wir von S2½O um 8 Striche links herum gehen und erhalten als Peilung S10½O = N5½O. Hätte man den Turm dwars an St. B. gepeilt, so müßte man von S2½O um 8 Striche rechts herum gehen und erhielte als Peilung S5½W. Eine aus freier Faust unter Berücksichtigung der gegebenen Richtungen gemachte Skizze wird die zu ziehenden Schlüsse leicht veranschaulichen.

Hat man nun z. B. Bülk Feuerschiff (Abb. 14) in West gepeilt, so steht man selbst in der Richtung Ost vom Feuerschiff, d. h. der Beobachter muß sich auf der geraden Linie befinden, die vom Bülk-Feuerschiff nach Osten hin in der Karte gezogen werden kann. **Wir sehen daraus, daß man die Peilungslinie an das gepeilte Objekt in entgegengesetzter Richtung zur Peilung antragen muß.**

Peilt man mit einem Kompaß, welcher durch magnetische Pole in Eisenmassen abgelenkt ist, so ist selbstverständlich auch die Peilung abgelenkt und muß daher für die Ablenkung verbessert werden, ehe sie mit Hilfe der in den Karten angegebenen mißweisenden Rosen eingetragen werden kann. Wir wissen, daß die Größe der Ablenkung abhängig ist von der Lage der ablenkenden Pole zur Kompaßnadel, d. h. vom Kompaßkurse, welchen die Jacht anliegt.

Betrachten wir Abb. 7, Seite 18. Der Kompaß ist dort auf SSO Kompaßkurs oder SO m/w Kurs durch den hinten im Fahrzeug befindlichen Süd-Pol um 2 Strich nach Westen abgelenkt, wie wir an der unter dem Kompaß befindlichen mißweisenden Rose erkennen können. Mithin sind auch alle Richtungen, welche wir an diesem Kompasse ablesen, um 2 Strich nach Westen, also links herum, abgelenkt. Peilen wir z. B. an diesem Kompasse ein Objekt in SW, so ist die mw. Peilung, die wir an der äußeren, nicht abgelenkten Rose ablesen können, SSW; peilen wir einen Gegenstand am Kompasse SO, so wäre die mw. Peilung OSO. Wir ersehen daraus, daß die Kompaßpeilung immer um die Ablenkung des Kurses gefälscht ist, den die Jacht bei der Peilung anlag. Wir haben uns daher folgende wichtige Regel zu merken: Um aus einer Kompaßpeilung die mißweisende Peilung zu erhalten, muß man an die Kompaßpeilung die Ablenkung des Kurses anbringen, den die Jacht bei der Peilung anlag, und zwar Ost-Ablenkung mit dem Uhrzeiger und West-Ablenkung gegen den Uhrzeiger. Außerordentlich häufig wird der grobe Fehler gemacht, daß mit der Peilung in die Steuertafel eingegangen wird. Vor diesem Fehler kann nicht dringend genug gewarnt werden. In die Steuertafel darf man nur mit dem anliegenden Kurse eingehen, um eine Ablenkung auszunehmen.

Peilt man also ein Objekt an einem Kompasse, der durch Magnetismus in Eisenmassen aus dem magnetischen Meridian abgelenkt ist, also Deviation hat, **so muß man diese Kompaßteilung stets für die Deviation des Kurses verbessern, der bei der Peilung anlag**, auch wenn man „über den Daumen" peilte. Da die ganze Kompaßrose um den Betrag der Deviation gedreht ist, muß auch jede von dieser Rose abgelesene Richtung um den Betrag dieser Deviation verbessert werden.

Eine besondere Art von Peilungen sind die sogenannten Deckpeilungen. Man versteht hierunter die durch zwei Landmarken oder Seezeichen gezogene gerade Linie. Befindet man sich in dieser Linie, so sieht man die betreffenden Objekte in Deckung, d. h. das eine direkt über oder hinter dem anderen. Da man Deckpeilungen ohne den Kompaß macht, und man an dem Auswandern des einen oder des anderen der beiden Objekte sofort wahrnimmt, wenn man aus der Peilungslinie herauskommt, so liefern sie eine besonders zuverlässige Standlinie. Sie finden deshalb auch recht ausgedehnte Anwendung in den Segelanweisungen, indem in denselben durch Angabe von Deckpeilungen die Richtung angegeben wird, in welcher man Häfen, engere Fahrwasser oder dergleichen anzusteuern hat (siehe Richtfeuer). Der Segler selbst kann durch Aufsuchen solcher Deckpeilungen in der Karte solche sicheren Kurse sich festlegen. Befindet man sich auf der Verbindungslinie zweier Objekte, aber zwischen denselben, hat z. B. das eine voraus, das andere achteraus; oder das eine an St. B., das andere hingegen an B. B., so nennt dies der Seemann eine ,,Verstreckung".

Aus obigen Ausführungen ist ersichtlich, daß diese Methoden zur Bestimmung einer Peilung mit größeren Ungenauigkeiten behaftet sind, die sich nur bei größerer Übung in gewissem Grade vermindern lassen. Da aber die Genauigkeit der Ortsbestimmung in erster Linie von der Zuverlässigkeit der gemachten Peilungen abhängig ist, hat die Firma C. Plath, Hamburg, eine Peilscheibe (Abbild. 20) speziell für Jachtgebrauch konstruiert, mit deren Hilfe man nicht nur Peilungen bequem und zuverlässig machen kann, sondern die auch zur Deviationsbestimmung zu gebrauchen ist.

Abb. 20.
Peilscheibe zur Orts- und Deviationsbestimmung.

Eine kardanisch aufgehängte senkrechte Achse trägt in der Richtung des Trägerbügels, fest mit dieser verbunden, einen Metallstreifen mit dem weißen Steuerstrich. Oberhalb dieses Metallstreifens ist die Rose der Peilscheibe um die senkrechte Achse drehbar angebracht und kann durch eine Vierstiftmutter leicht festgeklemmt werden, sodaß irgendein gewünschter Kurs der Peilscheibe am Steuerstrich eingestellt werden kann.

Das Peilrohr (Durchsicht) ist um einen senkrechten Zapfen zentrisch zur Rose und um einen horizontalen Zapfen auch kippbar beweglich. Ein in der Richtung der Achse des Peilrohres mit demselben fest verbundenes Zeigerpaar ermöglicht ein genaues Ablesen an der Rose der von der Durchsicht angegebenen Richtung.

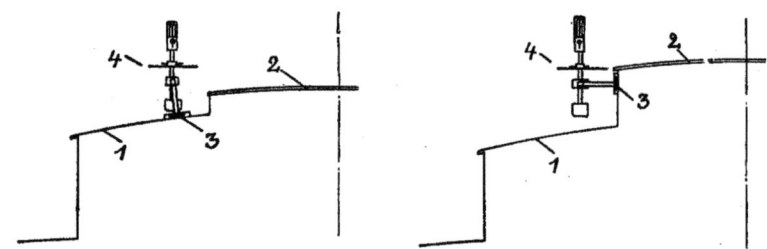

Abb. 21. Aufstellung der Jacht-Peilscheibe auf dem Kajütsdeck oder an der Schiebekappe.
1. Kajütsdeck, 2. Schiebekappe, 3. Deckschuh der Peilscheibe, 4. Peilscheibe.

Hat man die beiden mitgegebenen Deckschuhe an St. B. und B. B.-Seite auf dem Kajütsdeck oder an der Außenwand der Schiebekappe so angeschraubt, daß die in den Deckschuh eingeschobene Peilscheibe (Abb. 21) mit der Verbindungslinie Mitte Rose—Steuerstrich parallel zur Kielrichtung streicht, so ist die Peilscheibe fertig zum Gebrauch.

Benutzung der Peilscheibe.

a) Zur Ortsbestimmung: Wünscht man Peilungen zur Ortsbestimmung vorzunehmen, so stellt man am Steuerstrich der Peilscheibe den anliegenden mißweisenden Kurs ein und klemmt die Rose durch Andrehen der Vierstiftmutter fest. Peilt man nun ein Objekt, so gibt der Zeiger des Objektiv-Diopters des Peilrohres auf der Rose unmittelbar die betreffende mißweisende Peilung an. Man spart also das unbequeme Anbringen der Deviation, was bei anderen Peilungsverfahren notwendig ist. Selbstverständlich muß der Mann am Ruder dem Peilenden angeben, ob im Augenblick der Peilung „Stopp" der Kompaßkurs, welcher dem eingestellten mißweisenden Kurs entspricht, anliegt, oder ob etwa ½ Strich rechts oder links vom Kompaßkurse abgewichen worden ist. Die mißweisende Peilung ist dann ebenfalls um ½ Strich nach rechts bzw. links herum zu berichtigen. Zur Ortsbestimmung wird also die Peilscheibe auf den mißweisenden Kurs eingestellt.

b) Zur Deviationsbestimmung: Siehe Seite 106.

c) Zur Bestimmung eines zu steuernden Kompaßkurses: Siehe Seite 107.

d) Zur Kompensation: Siehe Seite 116.

Abstandsbestimmungen.

Ist der Abstand von einem Objekte bekannt, so befindet man sich auf einem Kreise, der mit dem Abstand als Radius um das betreffende Objekt als Mittelpunkt beschrieben werden kann.

Für den Jachtsegler kommen die folgenden Abstandsbestimmungen in Frage:

1. **Das Feuer in der Kimm.** Diese Abstandsbestimmung findet bei Nacht statt und beruht auf folgenden Erwägungen. Da die Erde die Gestalt einer Kugel hat, so vermag ein Leuchtfeuer, auch bei größter Lichtstärke, nur einen beschränkten Teil der Erdoberfläche zu bescheinen. Betrachten wir untenstehende Abbildung, welche einen vertikalen Schnitt durch die Erde darstellt, so ist ersichtlich, daß die Grenze des Beleuchtungskreises des Feuerturmes durch die Berührungspunkte der vom Leuchtfeuer an die Meeresoberfläche gezogenen Tangenten gebildet wird. Eine solche Tangente ist der vom Feuer ausgehende eingezeichnete Lichtstrahl. Die Größe dieses Beleuchtungskreises ist abhängig von der Höhe des Feuerturmes, und zwar wird der Radius X dieses Beleuchtungskreises um so größer, je mehr die Höhe des Leuchtfeuers zunimmt. Alle Punkte der Meeresoberfläche, die außerhalb dieses Beleuchtungskreises liegen, werden von dem Leuchtfeuer nicht mehr beschienen, und man muß sich erst über die Meeres-

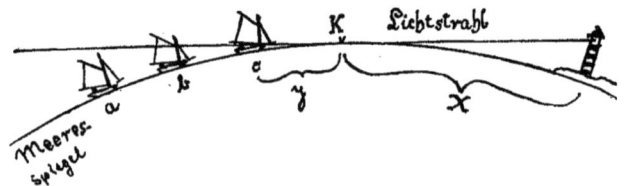

Abb. 22. Feuer in der Kimm.
Der Beobachter in *a* kann das Feuer nicht sehen, in *b* sieht man es von der Saling, in *c* von der Plicht aus.

oberfläche erheben, wenn man das Feuer noch sehen will, und zwar um so mehr, je weiter man außerhalb des Beleuchtungskreises, also vom Punkte K entfernt steht. So kann der in der Plicht der Jacht befindliche Beobachter nichts von dem Leuchtfeuer sehen, wenn sich die Jacht im Punkte a auf der Meeresoberfläche befindet, da dann der Lichtstrahl noch über die Jacht hinweggeht. Ist die Jacht nach dem Punkte b gesegelt, so würde der Beobachter erst in die Saling steigen müssen, um das Feuer eben gerade sehen zu können. Es würde ihm im Punkte K, in der Kimm auftauchend, erscheinen. (Mit „Kimm" bezeichnet der Seemann den natürlichen Meereshorizont.) Der Abstand des Beobachters vom Feuerturm wäre dann gleich der Strecke X + der Strecke b K. Ist die Jacht nach dem Orte c gesegelt, so erscheint auch dem Beobachter in der Plicht das Feuer in der Kimm. Der Abstand vom Feuerturm ist dann gleich der Strecke x + y. Wir erkennen hieraus, daß bei ein und demselben Leuchtfeuer der Abstand von ihm, wenn es in der Kimm gesichtet wird, sich nur mit dem Werte y ändert, und zwar nimmt dieser Wert zu, wenn die Augeshöhe des Beobachters über dem Meeresspiegel größer wird, wird die Augeshöhe kleiner, so muß auch der Wert y kleiner werden. In den Seekarten und Feuerbüchern ist die Sichtweite des Feuers, wenn es in der Kimm erscheint, für 5 m Augeshöhe gegeben. Um aus diesen gegebenen Werten die Sichtweiten bei anderen Augeshöhen zu erhalten, muß man an die in der Karte gegebenen Sichtweiten folgende Korrektionen anbringen:

bei 1 m Augeshöhe über dem Meeresspiegel — 2,5 Sm
„ 2 m „ „ „ „ — 2 „
„ 3 m „ „ „ „ — 1 „
„ 4 m „ „ „ „ — 0,5 „
„ 5 m „ „ „ „ 0,0 „
„ 6 m „ „ „ „ + 0,5 „
„ 7 m „ „ „ „ + 1 „
„ 8 m „ „ „ „ + 1 „

Die Ermittelung des Abstandes durch Beobachtung eines Feuers in der Kimm ist außerordentlich einfach und bequem, sie drängt sich in klarer Nacht dem Beobachter sozusagen von selbst auf, indem er auf einmal da, wo der Horizont eben vorher noch dunkel war, das Licht aufleuchten sieht, oder umgekehrt, wenn er vom Feuer wegsegelt, das eben noch gesichtete Licht auf einmal verschwunden ist. So bequem diese Abstandsbestimmung ist, so ungenau ist sie aber auch, da hierbei die Sichtigkeit der Luft eine große Rolle spielt. Bei diesigem oder regnerischem Wetter wird man sich dem Feuer bedeutend mehr nähern müssen, um es in Sicht zu bekommen. Selbstverständlich steht es dann auch über der Kimm. Aber auch bei klarem Wetter, besonders wenn zwischen der Luft und dem Wasser größere Temperaturdifferenzen bestehen und es windstill ist, so daß sich die Luft schichtenweise übereinander lagert, darf man dem ermittelten Abstande nicht zu großes Vertrauen schenken, da der Lichtstrahl beim Durchdringen der verschiedenen Luftschichten ganz abnorm gebrochen und mithin die Sichtweite ganz erheblich geändert werden kann.

2. Schätzung oder Gissung. Hat man einen Gegenstand in Sicht, so kann man seinen Abstand schätzen oder wie der Seemann sagt „gissen" (vom engl. to guess = schätzen, raten). Diese Art der Abstandsbestimmung wird auf See wegen ihrer Bequemlichkeit außerordentlich häufig gebraucht, aber so bequem wie sie ist, so fehlerhaft kann sie auch sein. Auf alle Fälle kann man nur ein einigermaßen zuverlässiges Resultat erwarten bei kleineren Entfernungen, nach Erlangung einer hinreichenden Übung und bei normalem Zustande der Atmosphäre. Der Laie, dem auf See der vergleichende Maßstab an anderen Objekten fehlt, schätzt in der Regel den Abstand zu groß. Dieser Fehler ist deshalb so gefährlich, weil man sich dann dem Lande in Wirklichkeit näher befindet, als man annimmt. Deshalb sollte man sich wenigstens zu Anfang niemals auf diese Art der Abstandsbestimmungen verlassen, wenn man andere Mittel zur Verfügung hat, um seinen Abstand von Land feststellen zu können. Um auch dem Auge etwas anzubieten, fährt der Jachtsegler gern möglichst dicht unter Land, sich dabei auf seine Abstandsbestimmung durch Schätzung verlassend, bis er durch plötzliches Aufbrummen zu seinem Leidwesen gewahr wird, daß er den Abstand überschätzt hat. Ein gelegentlicher Lotwurf hätte ihn beizeiten über seinen Irrtum aufgeklärt.

3. Entfernung der Kimm. Eine andere Ermittelung des Abstandes bietet die Entfernung der Kimm. Der Abstand der Kimm vom Beobachter ist

bei 1 m Augeshöhe 2 Seemeilen
„ 2 m „ 3 „
„ 3 m „ 3,5 „
„ 4 m „ 4 „
„ 5 m „ 4,5 „

Sieht man daher bei einer Augeshöhe von z. B. 3 m beim Passieren oder in Sicht kommen einer Landzunge, Insel, eines Felsens, Schiffes oder dergleichen, daß die Wasserlinie dieser Objekte eine ungebrochene Fortsetzung mit der Kimm bildet, so liegt der Gegenstand hinter der Kimm, also weiter entfernt als diese, also weiter als 3,5 sm. Erscheint die Wasserlinie des Objektes aber tiefer als die Kimm, so muß der Gegenstand zwischen Kimm und Beobachter liegen, diesem also näher als 3,5 sm sein. Durch allmähliche Vergrößerung bzw. Verringerung der Augeshöhe kann man dann

Abb. 23. Abstandsbestimmung vermittels der Entfernung der Kimm. Das Festland liegt weiter, die Insel aber näher als die Kimm.

unter Umständen feststellen, wann sich die Wasserlinie jenes Objektes gerade in der Kimm befindet. Mit der für diese Beobachtung gültigen Augeshöhe entnimmt man dann obiger Tafel den Abstand.

4. Geschwindigkeit des Schalles. Da der Schall eine mittlere Geschwindigkeit von 333 m in der Sekunde hat, eine Seemeile also in $\frac{1852}{333}$, also angenähert 5 Sekunden zurücklegt, so können gelegentlich Abstände durch Beobachtung der Schallgeschwindigkeit ermittelt werden, indem man die Anzahl Sekunden, die zwischen dem Sehen der Abgabe eines Schallsignals (aufsteigender Dampf einer Dampfpfeife, Rauch oder Blitz eines Kanonenschusses) und dem Hören desselben verstreichen, durch fünf dividiert. Allerdings ist dem so ermittelten Abstande nur bedingtes Vertrauen zu schenken, da die Geschwindigkeit des Schalles durch Wind- und Wetterverhältnisse stark beeinflußt wird.

Gelegentlich kann man manchmal, besonders bei Nebel, das Echo zur Feststellung der Nähe und des ungefähren Abstandes von Land benutzen, indem man an Bord der Jacht ein Schallsignal abgibt und die Sekunden zählt, die bis zum Hören des Echos verstreichen. Da der Schall den Weg von Bord nach Land und wieder zurück durcheilen muß, so hat man die verstrichenen Sekunden in diesem Falle durch 10 zu dividieren, um den ungefähren Abstand von Land zu ermitteln.

Gebrauch der Seekarte.

In den bisherigen Kapiteln haben wir den Leser mit den nautischen Instrumenten und den terrestrischen Standlinien bekanntgemacht, um ihm das Verständnis der folgenden Artikel, der Quintessenz der ganzen Arbeit, nämlich der Ortsbestimmung durch terrestrische Standlinien und der mit „Kartenaufgaben" bezeichneten Seereisen zu ermöglichen. Mit dem Verständnis alleine aber ist nicht viel geholfen, fest vertraut muß der Jachtsegler mit dem ganzen Stoff sein, wenn er sein Fahrzeug sicher über See bringen und des Vergnügens teilhaftig werden will, das eine sichere Navigation bietet. Welch' großer Unterschied ist es, ob man ins Blaue hineinsegelt, sich auf den Zufall verlassend, daß man doch noch hinfinden wird, oder ob man auf Grund seiner Kenntnisse in der Navigation in der Lage ist, jederzeit seinen Schiffsort in der Karte festlegen zu können.

Um dies zu können, gehört Übung, damit kommt die Sicherheit. Um dem Leser zu dieser Sicherheit zu verhelfen, habe ich in den folgenden Kapiteln wieder Aufgaben gestellt, die in der Seekarte gelöst werden sollen; denn Gebrauch, Lesen und Vertrautsein mit der Seekarte ist nun die Hauptsache. Wie schon erwähnt, werden alle Aufgaben in der Karte Nr. 69, Ostsee, westlicher Teil, südliches Blatt, bearbeitet werden. Als vollgültiger Ersatz dient die beiliegende Übungskarte, welche auch zu späteren Jachtreisen Verwendung finden kann. Von einigen Aufgaben habe ich wieder die Lösungen als Musterbeispiele eingehend beschrieben und in der Lösungskarte konstruiert. Der Leser kann sich also nicht nur durch die Übereinstimmung der Resultate (abgesehen von Abweichungen von ein paar Zehntel Seemeilen durch unvermeidliche Ungenauigkeit bei der Konstruktion), sondern auch durch Übereinstimmung in der Zeichnung von der Richtigkeit seiner Lösungen überzeugen. Von den anderen Aufgaben habe ich nur die Lösungen gegeben.

Das Absetzen in der Seekarte.

Wir gebrauchen zum Absetzen in der Karte einen keilförmig (nicht spitz) angeschärften Bleistift, einen Zirkel, ein nicht zu kleines rechtwinkliges Dreieck von etwa 20 cm Kathetenlänge und ein etwa 35—40 cm langes Lineal, dessen Kanten nicht abgeschrägt, sondern rechtwinklig sind. Die manchmal an Bord gebrauchten Parallellineale sind außerordentlich unpraktisch, denn einerseits wird durch das unter Anwendung von großem Druck erfolgende Verschieben die Karte stark mitgenommen, anderseits kommt man nur langsam von der Stelle und verliert leicht bei den lebhaften Bewegungen der Jacht die Richtung, so daß man von vorne beginnen muß.

1. Aufgabe. Es ist der m/w Kurs und die Distanz vom Orte A nach dem Orte B abzusetzen.

Auflösung. Man verbindet A und B durch eine gerade Linie, legt an diese das rechtwinklige Dreieck mit einer Kathete an (Lage 1), an die andere Kathete das Lineal, hält dieses mit der linken Hand in der Lage a fest und verschiebt durch ganz leichten Druck mit der rechten Hand das Dreieck weit genug nach unten (Lage 2), hält nun das Dreieck gut fest und legt das Lineal in die Lage b.

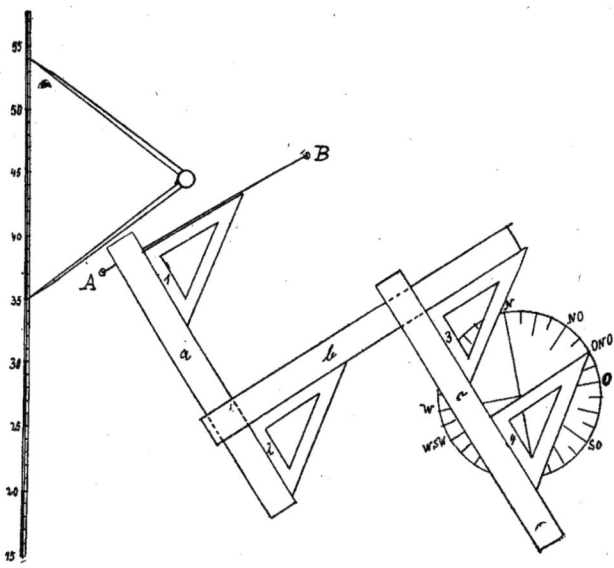

Abb. 24. Das Absetzen von Kurs und Distanz.

Nun verschiebt man das Dreieck so weit nach rechts (Lage 3), daß man auf dem nächsten Schlag die Rose erreichen kann, schiftet endlich das Lineal in die Lage c und bewegt das Dreieck so weit nach unten, daß die freie Kathete desselben durch den Mittelpunkt der Rose geht (Lage 4). Wir sehen, daß von A nach B der m/w Kurs ONO ist. Wir wären um einen Gang schneller zum Ziele gelangt, wenn wir das Dreieck aus der Lage 1 mit dem Lineal an Linie A B angelegt so weit nach rechts verschoben hätten, daß auf dem Gang nach unten die Rose erreicht worden wäre.

Um die Distanz von A nach B abzusetzen, nehmen wir die Strecke A B in den Zirkel, gehen quer hinüber nach dem rechten oder linken Kartenrande, schätzen nach Augenmaß die Mittelbreite (das Mittel aus der geographischen Breite von A und B) zu etwa 45 Minuten und setzen den Zirkel am Kartenrande so ein, daß die eine Spitze ungefähr ebensoweit unter, wie die andere über der geschätzten Mittelbreite ist. Des bequemen Ablesens halber setzt man die untere Zirkelspitze auf eine Fünfer oder Zehner Minute ein. Wir finden, daß die Strecke A B = 19 Breiten-Minuten oder, was dasselbe ist, 19 Seemeilen lang ist. Der m/w Kurs und die Distanz von A nach B ist also ONO 19 sm.

Aufgabe 2. Man befindet sich im Orte A und steuert von hier ONO 19 sm. Wo befindet man sich? —

Auflösung. Auf der dem Schiffsorte A nächstliegenden Rose in der Karte sucht man sich den m/w Kurs ONO auf, legt das Dreieck mit der einen Kathete an diese Richtung an, an die andere Kathete das Lineal, verschiebt das Dreieck mit Hilfe des Lineals so lange, bis dieselbe Kathete durch den gegebenen Punkt A geht und zieht von A aus eine Gerade in der Richtung ONO, nun schätzt man am Rande der Karte die Mittelbreite, greift 19 Breitenminuten mittels des Zirkels ab und setzt diese Strecke von A aus auf der gezogenen Geraden ab. Der erhaltene Punkt B ist der verlangte Schiffsort.

Die Bestimmungen des Schiffsortes durch terrestrische Standlinien:

Bei den folgenden Aufgaben wollen wir verabreden, daß alle Richtungen, bei denen nicht besonders angegeben ist, daß es Kompaß-Richtungen sind, als m/w Richtungen zu verstehen sind, während Kompaß-Richtungen ausdrücklich als solche bezeichnet werden und dann immer für die Ablenkung des betreffenden Kurses verbessert werden müssen, ehe sie in die Seekarte eingetragen werden dürfen. Wir entnehmen die Ablenkung der auf Seite 23 oder der in der Lösungskarte Seite 86 gegebenen Steuertafel.

Wie schon erwähnt, kann man den Schiffsort als Schnittpunkt zweier Standlinien in der Seekarte bestimmen. Diese Bestimmung ist stets eine um so genauere, je mehr sich der Winkel, unter dem sich die Standlinien schneiden, 90^0 nähert, da dann die allen Standlinien anhaftenden Fehler den Schiffsort am wenigsten fälschen.

Durch Vereinigung der oben beschriebenen terrestrischen Standlinien erhalten wir folgende Methoden der Ortsbestimmung. (Diejenigen Aufgaben, deren Nummern fett gedruckt sind, sind in der Karte konstruiert.)

I. Peilung und Lotung.

1. Peilten Bülk Landfeuer recht voraus auf S½W Kurs und loteten gleichzeitig 18 m Wasser, nach einer Segelung von einer Seemeile auf diesem Kurse loteten 10 m. Wo befindet man sich? — Da nichts weiter angegeben ist, so ist die Peilung eine m/w Peilung. Wir suchen daher auf der Bülk Landfeuer zunächst liegenden Rose die umgekehrte Peilung, also N½O auf und ziehen zu dieser Richtung mit Hilfe von Dreieck und Lineal durch Bülk Landfeuer die Parallele nach N½O. Der Peilungsstrahl schneidet die 10 m-Linie des Stoller-Grund in zwei Punkten. Für unseren Schiffsort kann aber nur der nördlichere Punkt in Betracht kommen, da wir vorher 18 m Wasser gelotet hatten, also vorher nördlich vom Stoller-Grund gestanden haben mußten. Nehmen wir das Stück des Peilungsstrahls vom Schiffsort bis Bülk-Feuerturm in den Zirkel und setzen es am Kartenrande ab, so finden wir, daß die Jacht etwa 5 sm vom Feuerturm ab steht.

2. Peilten Timmendorf Feuer (Insel Pöl) auf SOzO¼O Kurs recht voraus und loteten 18 m Wasser. Nach 1,5 sm Segelung auf diesem Kurse loteten 10 m. (Abstand von Timmendorf F. 4,7 sm.)

II. Peilung und Gissung des Abstandes.

Zur Ermittelung des Schiffsortes sucht man sich an der dem Peilobjekt nächstliegenden Rose die umgekehrte Peilung auf und trägt diese an das gepeilte Objekt an. Am rechten oder linken Kartenrande ungefähr querab vom vermutlichen Schiffsorte greift man mit dem Zirkel die geschätzten Seemeilen ab und trägt sie vom gepeilten Objekte aus auf dem Peilungsstrahl ab. Der erhaltene Punkt ist der Schiffsort.

Peilten Fehmarnbelt Feuerschiff West etwa 3 sm ab.

III. Peilung und Feuer in der Kimm.

1. Aus 2 m Augeshöhe peilten Kjels-Nor Feuer (Langeland) in SO$\frac{3}{4}$O in der Kimm auftauchend.

Wir tragen die umgekehrte Peilung, also N4$\frac{3}{4}$W an Kjels-Nor Feuerturm an. Aus der Karte ersehen wir, daß dieses Feuer bei 5 m Augeshöhe 18 sm weit in der Kimm sichtbar ist. Da unsere Augeshöhe nur 2 m beträgt, so müssen wir von der in der Karte gegebenen Sichtweite 2 sm subtrahieren (siehe Feuer in der Kimm) und erhalten somit 16 sm Abstand. Tragen wir diesen Abstand auf der umgekehrten Peilung ab, so ergibt sich, daß wir etwa SW 2$\frac{3}{4}$ sm von Bregninge Kirche auf Arö abstehen.

2. Auf W$\frac{1}{2}$S Kompaß-Kurs peilten Gjedser Odde Feuer in NO$\frac{1}{2}$O am Kompaß, als es aus 3 m Augeshöhe in der Kimm verschwand.

Auf W$\frac{1}{2}$S K. K. hat der Kompaß nach der Steuertafel 2 Strich W Ablenkung, mithin ist die m/w Peilung N2$\frac{1}{2}$O. Dieselbe wird umgekehrt, also nach S2$\frac{1}{2}$W an Gjedser Odde Feuer angetragen. Der Abstand beträgt 15—1 = 14 sm.

IV. Kreuzpeilungen.

Sind zwei Objekte in Sicht, welche in der Karte verzeichnet sind, und ist der Winkel zwischen den Peilungen der beiden Orte nicht zu spitz bzw. nicht zu stumpf, so peilt man zuerst das eine Objekt und unmittelbar darauf das andere. Trägt man nun beide Peilungen umgekehrt an die betreffenden Objekte an, so ergibt der Schnittpunkt der beiden Peilungsstrahlen den Schiffsort zur Zeit der Beobachtung. Werden beide Peilungen mit genügender Sorgfalt genommen und schneiden sich die Peilungsstrahlen ziemlich rechtwinklig, so ist diese Art der Ortsbestimmung die genaueste von allen. Da die Peilungen unmittelbar aufeinander folgen, so kommt auch eine Stromversetzung hierbei nicht in Betracht, wie stark der Strom auch immer gesetzt haben mag. Deshalb, und auch wegen ihrer Einfachheit, findet diese Art der Ortsbestimmung die weitaus häufigste Anwendung. — In den folgenden Aufgaben werden die Abstände von den gepeilten Objekten verlangt. Die Lösungen zum Vergleichen finden wir später.

1. Peilten Warnemünde Feuer in SO$\frac{1}{2}$O und gleich darauf Buk Feuer in SWzS.

2. Peilten Staber Huk F. T. in SW$\frac{1}{2}$W und Marien-Leuchte F. T in NW$\frac{1}{4}$W.

3. Peilten Heiligenhafen Kirche in SSO und Flügge F. T. in OzN.

4. Peilten Albuen F. T. (großer Belt) S½W und Fagelsbölle Kirche (Langeland) in WNW½W.

5. Auf S¾O Kompaß-Kurs peilten Albuen Feuer in NNO und Kjels-Nor Feuer in W¾N am Kompaß. (Da Kompaß-Peilungen gegeben sind, so müssen dieselben für die Dev. des bei der Peilung anliegenden Kurses verbessert werden. Auf S¾O K. K. finden wir in der Steuertafel ½O Dev., mithin ist die m/w Peilung von A. N2½O und von K. N6¾W.)

6. Auf NzO¼O K. K. peilten Burg Kirche recht voraus und Siggen Mühle dwars (quer ab) an Backbord. (Die Dev. auf N1¼O K. K. ist ½O, mithin ist der m/w Kurs, der auch gleichzeitig die m/w Peilung ist, N1¾O. Fällen wir nun von Siggen Mühle auf die nach S1¾W an Burg Kirche umgekehrt angetragene m/w Peilung das Lot, so ist der Schnittpunkt beider Geraden der Schiffsort.

7. Auf W½N K. K. peilten Fehmarn Belt Feuerschiff in OSO¾O a K. und Wester Markelsdorf F. T. dwars an B. B. (Auf W½N K. K. finden wir die Dev. = 2W, mithin ist die m/w Peilung von F. B. F. N7¼O, der anliegende K. K. ist N7½W.) Da wir W. M. dwars an B. B. peilen, müssen wir vom anliegenden K. K. um 8 Strich links herum gehen und erhalten die Kompaß-Peilung S½W, verbessert für 2 Str. Dev. gibt die m/w Peilung S1½O. Wir können aber auch den K. K. N7½W durch Anbringung der Dev. von 2W in m/w Kurs verbessern und erhalten dann als solchen S6½W. Gehen wir vom m/w Kurs S6½W um 8 Strich links herum so erhalten wir als m/w Peilung an F. B. F. ebenfalls S1½O.

8. Auf SWzS K. K. peilten Schleimünde Feuer WzN a. K. und Bülk Feuer SW¼S a. K.

9. Auf ONO K. K. peilten Buk F. (Mecklenburg) SOzO a. K. und Dameshoved Feuer SW¼W a. K.

10. Auf NOzN K. K. peilten Schleimünde Feuer in SW a. K. und Alt Pöhl Feuer in NW a. K.

11. Auf NzW½W K. K. peilten Kjels-Nor F. NNO½O a. K. und Wester Markelsdorf F. SOzO¾O a. K.

12. Auf SWzS K. K. peilten Travemünde Feuerturm SW¼W a. K. und Pelzerhaken Feuerturm NW¾W a. K.

Lösungen der Kreuzpeilungen.

Die Zehntel Seemeilen sind geschätzt, Abweichungen von einigen Zehntel Seemeilen finden in der Ungenauigkeit der Konstruktion ihre Erklärung.

Aufgabe:

1.	Abstand	von		W.	11,5	sm
	,,	,,		B.	9,0	,,
2.	,,	,,		St. H.	3,5	,,
	,,	,,		M. L.	5,5	,,
3.	,,	,,		H.	3,8	,,
	,,	,,		F.	4,0	,,
4.	,,	,,		A.	3,4	,,
	,,	,,		F.	6,7	,,
5.	,,	,,		A.	7,0	,,
	,,	,,		K.	6,4	,,
6.	,,	,,		B.	9,0	,,
	,,	,,		S.	3,8	,,
7.	,,	,,		F.	4¾	,,
	,,	,,		W. M.	3,0	,,
8. Abl.	½W m/w	Peil.	von	Sch.	N7½W	12,7 sm
,,	,,	,,	,,	B.	S3¼W	15,8 ,,
9. ,,	1¾O	,,	,,	B.	S3¼O	15,6 ,,
,,	,,	,,	,,	D.	S6W	11,7 ,,
10. ,,	1¼O	,,	,,	Sch.	S5¼W	9,0 ,,
,,	,,	,,	,,	A. P.	N2¾W	7,5 ,,
11. ,,	1W	,,	,,	K.	N1½O	11,8 ,,
,,	,,	,,	,,	W.	S6¾O	12,9 ,,
12. ,,	½W	,,	,,	T.	S3¾W	7,0 ,,
,,	,,	,,	,,	P.	N5¼W	4,3 ,,

V. Doppelpeilungen.

Ist nur ein Objekt in Sicht, welches in der Karte verzeichnet ist, so peilt man dasselbe, segelt seinen Kurs weiter unter sorgfältiger Bestimmung der seit der Peilung gesegelten Distanz und peilt dasselbe Objekt zum zweiten Male, wenn sich die Peilung inzwischen beträchtlich (etwa 6—8 Strich) geändert hat. Z. B.

1. Peilten Staber Huk Feuerturm NO, segelten OSO 6,5 sm und peilten Staber Huk Feuerturm NNW. Welches sind die Abstände bei der 1. und 2. Peilung?

Um die den beiden Peilungen entsprechenden Schiffsorte finden zu können, tragen wir die Peilungen umgekehrt, also nach SW und SSO an St. H. Feuerturm an und passen die zwischen den beiden Peilungen gesegelte Distanz nach Richtung und Größe dazwischen. Da wir noch nicht wissen, von welchem Punkt des ersten Peilungsstrahles wir abgesegelt sind, so nehmen wir einen ganz beliebigen Punkt desselben, z. B. Punkt B. als Abgangsort an und tragen an diesen Punkt den gesegelten Kurs, also OSO an. Auf dem Kurse setzen wir mittels des Zirkels die gesegelte Distanz, also 6,5 sm ab und erhalten Punkt C. Nun bewegen wir den Zirkel nach Süden und zwar derart, daß die linke Spitze auf dem ersten Peilungsstrahl längsgleitet, während die rechte Spitze immer in der Peilung B C, also OSO zur linken Spitze gehalten werden muß (die Verbindungslinie der beiden Zirkelspitzen ist also immer parallel zu B C), solange, bis die rechte Spitze des Zirkels den zweiten Peilungsstrahl trifft. Die von den beiden Zirkelspitzen nun bezeichneten Punkte auf dem 1. bzw. 2. Peilungsstrahl sind die gesuchten Schiffsorte; denn sie liegen in der Richtung OSO um 6,5 sm auseinander. Will man die beiden Schiffsorte durch geometrische Konstruktion finden, so zieht man durch Punkt C die Parallele zur ersten Peilung (es ist dies der Weg, den nach Augenmaß die rechte Zirkelspitze nahm), diese Parallele schneidet den zweiten Peilungstrahl in II, dem zweiten Schiffsort. Zieht man nun durch II die Parallele zum Kurse (also zu B C), so ist der Schnittpunkt I dieser Parallelen mit dem ersten Peilungsstrahl der erste Schiffsort. Wir finden die Abstände von Staber Huk zu 5,0 bzw. 6,5 sm.

2. Peilten Marienleuchte F. in SSW, segelten SO 8 sm und peilten Marienleuchte F. in WzN.

Abstände vom M. F. bei der 1. Peilung 4,5 sm, bei der 2. Peilung 7,5 sm.

3. Peilten Gabelsflach Feuerschiff NW½W, segelten NzO 5 sm und peilten G. F. SWzW.

4. Peilten Buk F. in OSO¼O, segelten ONO 9¾ sm und peilten Buk F. in SzO¼O.

5. Peilten Schleimünde F. in NW¾N, segelten NzO¼O mit 4 Knoten Fahrt, nach 1½ Stunden peilten Sch. F. in WSW¾W (mit 4 Knoten Fahrt legt man in 1½ Stunden 6 sm zurück).

6. Peilten Dovens Klint (Südspitze von Langeland) NNW½W, segelten WzS mit 3,5 Knoten Fahrt, nach 2¾ Stunden peilten D. K. NO½O.

7. Auf NO½N K. K. peilten Buk F. ONO¾O a. K., segelten denselben Kurs noch 11,3 sm weiter und peilten B. SSO½O a. K.

8. Auf SSW½W K. K. peilten Albuen F. SOzS a. K., segelten denselben Kurs noch ¾ Stunden lang mit 6 Knoten Fahrt und peilten A. in NOzO½O a. K.

9. Auf NNW½W K. K. peilten Kappel Mühle (Laaland) NOzO½O a. K., segelten denselben Kurs noch 40 Minuten lang mit 6 Knoten Fahrt und peilten K. M. SO¾O a. K.

10. Auf N½W K. K. peilten Gjedser Odde F. NW½W a. K., segelten denselben Kurs noch 1½ Stunden mit 4 Knoten Fahrt und peilten G. O. F. SW½W a. K.

Lösungen der Doppelpeilungen.

Aufgabe 3 Abstand bei der 1. Peil. 3,8 sm
,, ,, ,, ,, 2. ,, 4,9 ,,
,, 4 ,, ,, ,, 1. ,, 11,6 ,,
,, ,, ,, ,, 2. ,, 8,0 ,,
,, 5 ,, ,, ,, 1. ,, 6,0 ,,
,, ,, ,, ,, 2. ,, 5,3 ,,
,, 6 ,, ,, ,, 1. ,, 4,5 ,,
,, ,, ,, ,, 2. ,, 9,4 ,,

Aufgabe 7:
Abl. 1½O 1. m/w P. S7¾O 10,5 sm, m/w K. N5O 11,3 sm, 2. m/w Peil. S1O 6,7 sm

Aufgabe 8:
Abl. ½W 1. m/w P. S3½O 2¾ sm, m/w K. S2W 4,5 sm, 2. m/w Peil. N5O 4,2 sm

Aufgabe 9:
Abl. 1½W 1. m/w P. N4O 2,0 sm, m/w K. N4W 4,2 sm, 2. m/w Peil. S6¼O 4,6 sm

Aufgabe 10:
Abl. ½W 1. m/w Peil. N5W 5,1 sm, m/w K. N1W 6,0 sm, 2. m/w Peil. S4W 4,3 sm.

Eine besonders einfache Art einer Doppelpeilung ist die sogenannte „Vierstrichpeilung". Peilt man ein Objekt 4 Strich vom Kurse ab, segelt dann seinen Kurs solange weiter, bis man dasselbe Objekt 8 Strich vom Kurse ab, also dwars peilt, so ist der Abstand bei der Dwars-Peilung, der Seemann nennt es „beim Freilaufen", gleich der zwischen den beiden Peilungen gesegelten Distanz. Die Erklärung dafür ist einfach: Die Winkelsumme im Dreieck beträgt 180^0 = 16 Strich. Der Winkel zwischen Kurs und 1. Peilung war 4 Strich, zwischen Kurs und 2. Peilung 8 Strich, folglich muß der 3. Winkel, am gepeilten Objekt ebenfalls 4 Strich groß sein. Gleichen Winkeln eines Dreiecks liegen aber gleiche Seiten gegenüber, mithin ist der Abstand beim Freilaufen gleich der zwischen den beiden Peilungen gesegelten Distanz. Die Richtung 4 Strich vom Kurse, also von vorne, bestimmt man sich im voraus ein für allemal, indem man von der Mitte der Achterkante des Kajütsaufbaues den Winkel von 45 Grad sowohl an Backbord wie an Steuerbord nach vorne zu abträgt und sich diese Richtung kennzeichnet, bzw. merkt, sei es durch einen Punkt auf der Reling, einen Relingsstützen, Backstag, Punkt des Kajütsaufbaues oder dergleichen.

Wegen der einfachen Form dieser Abstandsermittelung und auch weil man den Abstand gerade für den Moment erhält, wo man dem betreffenden Objekt am nächsten ist, es passiert oder freiläuft, findet die Vierstrichpeilung eine häufige Anwendung. Ihre Benutzung in der Praxis ist die folgende: Man peilt ein Objekt 4 Strich vom Kurse und liest die Patentlogge ab, wenn man eine solche fährt. Ist dies nicht der Fall, so liest man die Taschenuhr ab und loggt mehrmals mit der Handlogge, um eine genaue Fahrtbestimmung zu erhalten.

Hat man nun das Objekt dwars, so ergibt die Differenz der jetzigen Ablesungen der Patentlogge bei der Dwarspeilung mit der vorigen Angabe die zurückgelegte Distanz. Hat man keine Patentlogge, so ist jetzt abermals die Taschenuhr abzulesen, um den Zeitraum zwischen den beiden Peilungen feststellen zu können. Angenommen derselbe betrug 40 Minuten, also 0,7 Stunden (je 6 Minuten sind $^1/_{10}$ Stunde). Lief die Jacht fünf Knoten, so hat man also $5 \cdot 0,7 = 3,5$ sm zurückgelegt, mithin steht man auch 3,5 sm von dem Objekte ab, als man es passierte oder querab vom Kurse peilte.

Um den Schiffsort beim Passieren des Objektes in der Karte festzulegen, fällt man vom Objekte auf den gesteuerten Kurs das Lot und trägt auf diesem die 3,5 sm ab, oder man beschreibt mit 3,5 sm um das Objekt den Kreisbogen und trägt an diesen den gesteuerten Kurs als Tangente an, der Berührungspunkt von Kreis und Tangente ist dann der Schiffsort.

11. Mit NzO½O Kurs aus der Eckernförder Bucht kommend peilten Bocknis Eck 4 Strich voraus an B. B., segelten denselben Kurs noch 20 Minuten lang mit 4 Knoten Fahrt und passierten nun Bocknis Eck. — 20 Minuten sind 0,3 Stunden. Mithin ist die zurückgelegte Distanz gleich $0,3 \cdot 4 = 1,2$ sm. Wir fällen von B. E. auf den in der Karte eingetragenen Kurs das Lot und tragen darauf 1,2 sm ab, so erhalten wir den Schiffsort beim Freilaufen.

Zuverlässigkeit der Doppelpeilung.

Der Ortsbestimmung durch Doppelpeilung ist nur ein bedingtes Vertrauen zu schenken; denn zu den Beobachtungsfehlern, um welche die beiden Peilungen gefälscht sein können, kommen noch die Fehler hinzu, die in der zwischen den beiden Peilungen stattfindenden Segelung ihre Ursache haben.

Diese letzteren Fehler können entweder Fehler im Kurse (schlechtes Steuern, fehlerhafte Abtrift, fehlerhafte Deviation), Fehler in der Distanz oder durch Stromversetzung hervorgerufen sein. Besonders die letztere wird sehr häufig die Quelle von größeren Ungenauigkeiten in den ermittelten Abständen sein, da man an den Küsten fast immer mit Stromversetzungen zu rechnen hat, seien es Triftströmungen in der Ostsee oder Gezeitenströmungen in der Nordsee. Die zwischen den beiden Peilungen erfolgte Versegelung und damit die ermittelten Schiffsorte werden bei gleichen Stromverhältnissen um so ungenauer werden, je längere Zeit zwischen den beiden Peilungen verstrichen war. Gebrauchte man z. B. 2 Stunden, um von der 1. Peilung zur 2. Peilung zu gelangen, und setzte der Strom mit 2 Knoten Fahrt, so kann die gesegelte Distanz bis zu 4 sm gefälscht sein. Beträgt die Zeit der Segelung zwischen den beiden Peilungen aber nur ½ Stunde, also nur ¼ der vorigen Zeit, so wird der Einfluß der Stromversetzung auch nur den vierten Teil des vorigen Wertes betragen, der ermittelte Schiffsort mithin auch bedeutend fehlerfreier sein. Daraus folgt, daß Doppelpeilungen, bzw. Vierstrichpeilungen nur angewendet werden sollen, wenn zwischen den beiden Peilungen geringerer Zeitraum verfließt. (Die hiervon abweichenden Aufgaben waren nur gegeben, um trotz des kleinen Maßstabs der Übungskarte eine übersichtliche Lösung zu ermöglichen.)

Kartenaufgaben.

Hat sich der Segler zu einer Seereise entschlossen, so wählt er unter Bezugnahme auf die Übersichtskarte (Abb. 16), die für die beabsichtigte Reise benötigten Küstenkarten aus, studiert die Segelanweisung und entwirft sich in der Karte ein ungefähres Bild vom Verlauf der Reise. Um ihm hierbei an die Hand zu gehen, vor allen Dingen aber um ihm zu zeigen, wie Kompaß, Logge, Lot und die terrestrischen Standlinien vereint an Bord benützt werden müssen, damit er seine Jacht sicher über See bringen kann, wollen wir in den Kartenaufgaben mehrere Seereisen zur Ausführung bringen.

Um diese abwechselnd zu gestalten, zerlegen wir jede Aufgabe in zwei Teile. Im ersten Teile sind gewisse Bedingungen gestellt, denen nachgekommen werden muß. Wir können dabei annehmen, wir hätten vom Vorgänger die Wache übernommen, und sollten nun bei der Wachübernahme die bisherige Navigation auf ihre Richtigkeit in der Seekarte nachprüfen.

Im zweiten Teil der Aufgabe wird dem Segler vollkommen freie Hand gelassen, wie er nach seinem Ermessen den weiteren Verlauf der Reise nach dem angegebenen Bestimmungsorte gestalten will. Hierbei ist aber folgendes zu beachten. Kompaß und Logge geben nur den Weg des Schiffes durch das Wasser an und auch diesen nur mangelhaft wegen Ungenauigkeiten im Steuern, Fehlern in der Abtrift und in der Distanz. Das Kurs-Steuern nach dem Kompaß auf See darf nicht in der Weise geschehen, daß man andauernd auf den Kompaß starrt und versucht, durch hastiges Rudergeben das Fahrzeug auf den richtigen Kurs zu bringen, wenn der Steuerstrich nach rechts oder links vom Kurse abdreht. Das Fahrzeug würde bald derartig wild werden, daß ein einigermaßen stetiges Kursanliegen völlig ausgeschlossen wäre. Man verfährt deshalb folgendermaßen: Nachdem man sein Fahrzeug auf den gewünschten Kurs gebracht hat, sucht man sich voraus die innezuhaltende Richtung an einer Landmarke, einem anderen voraus befindlichen

Fahrzeug, einer Wolke oder dergl., bei Nacht an einem Leuchtfeuer, einem Stern, der Windrichtung usw. zu merken und wirft nur ab und zu einen orientierenden Blick auf den Kompaß, um sich zu überzeugen, ob der gewünschte Kurs noch anliegt, oder ob durch das Auswandern der ins Auge gefaßten Objekte die Richtungslinie geändert werden muß. Es ist mithin ersichtlich, daß je nach der vom Steuernden an den Tag gelegten Sorgfalt der Kurs mehr oder weniger fehlerhaft gesteuert werden kann. Zudem können zu den obigen Fehlern noch unbekannte Stromversetzungen kommen. Der Seemann, welcher seinen Schiffsort „das Besteck" und die Ermittelung desselben „Besteck aufmachen" nennt, bezeichnet den durch Kompaß und Logge (Kurs und Distanz) ermittelten Schiffsort „das gegißte Besteck" und bringt dadurch zum Ausdruck, daß er ihm wegen der oben angegebenen Fehlerquellen nur bedingtes Vertrauen schenkt. Man ist deshalb gezwungen, bei jeder sich bietenden Gelegenheit sein gegißtes Besteck durch terrestrische Standlinien zu verbessern, um feststellen zu können, ob der Weg durch das Wasser auch der Weg über den Grund ist. Es bleibt dabei der Phantasie jedes einzelnen überlassen, anzunehmen, ob es Tag oder Nacht sei oder hierin erwünschte Abwechslung eintreten zu lassen, wenn darüber nicht besondere Angaben in der Aufgabe gegeben sind. Des Nachts ist die Ortsbestimmung auf See bedeutend leichter als am Tage, da die Feuer sich durch ihre Kennung voneinander unterscheiden und viel weiter auszumachen sind, als tags die Feuertürme. Wir wollen nochmals darauf aufmerksam machen, daß nachts das Peilen eines Feuers in der Kimm, trotz der Ungenauigkeit der Abstandsbestimmung eine immer willkommene Gelegenheit zur Ortsbestimmung gibt, allerdings darf man sich auf die Richtigkeit des gefundenen Schiffsortes nicht fest verlassen, sondern muß, wenn angängig, sein Besteck durch spätere Kreuzpeilungen zu berichtigen suchen. In der Nähe von Land, bei nicht zu großem Abstand geben Doppelpeilungen und besonders Vierstrichpeilungen auf einfachste Weise einen Schiffsort, der in Rücksicht auf Stromversetzung um so zuverlässiger ist, je weniger Zeit zwischen der ersten und zweiten Peilung verstrichen ist. Von allen Ortsbestimmungen ist den Kreuzpeilungen der Vorzug zu geben, wo immer sie anzuwenden sind, nicht allein wegen ihrer Einfachheit, sondern vor allen Dingen wegen der Zuverlässigkeit, womit sie den Schiffsort ergeben, wenn sich die beiden Peilungsstrahlen ziemlich rechtwinklig schneiden; denn wie stark der Strom auch immer gesetzt haben mag, er hat keinen Einfluß auf das Besteck, da die beiden Peilungen unmittelbar hintereinander genommen werden und in der kurzen Zwischenzeit die Jacht nicht versetzt sein kann.

Lösungskarte. Ostsee, südwestlicher Teil.

Was das Absetzen der Kurse anbelangt, so ist auch auf See der gerade Weg immer der beste, vorausgesetzt, daß man ihn ohne Gefahr verfolgen kann, und daß nicht triftige Gründe den Segler zum Abweichen von demselben veranlassen. Nachdem wir uns unter Berücksichtigung des Windes usw. entschlossen haben, wie weit wir von den in der Nähe unseres Kurses liegenden Küsten, Landspitzen usw. frei bleiben wollen, wobei wir den Abstand von einer Leeküste, der Seemann nennt sie „Leegerwall", immer größer wählen als von einer Luvküste, beschreiben wir mit dem gewählten Abstande um das betreffende Ansegelungsobjekt einen Kreisbogen und legen vom Abfahrtsorte die Tangente an denselben. Übertragen wir die Richtung derselben nach der nächsten m/w Rose in der Karte, so gibt uns diese Richtung den zu steuernden m/w Kurs an. Fällt derselbe auf einen Achtelstrich, so wählen wir denjenigen Viertelstrich, der uns den Kurs weiterab von Land gibt. Liegt unser Schiffsort in der Mitte zwischen zwei Rosen, so geben wir derjenigen den Vorzug, auf die wir zusteuern. — Eine Kursänderung wird im allgemeinen nur vorgenommen, wenn man ein Ansegelungsobjekt (Feuerturm, Landspitze, Feuerschiff oder dergl.) passiert (Vierstrichpeilung), oder wenn man sein Besteck durch terrestrische Standlinien aufgemacht hat.

Segelt die Jacht bei dem Winde, so müssen wir die Abtrift berücksichtigen. Unter Abtrift versteht man den Winkel zwischen der Kielrichtung und dem Weg der Jacht durch das Wasser, welchen man am Kielwasser erkennen kann. Sie ist eine Folge des seitlichen Druckes des Windes und des Seeganges auf den Schiffskörper. Daher ist sie um so größer, je mehr Wind und See von vorne kommen und je geringer die Fahrt ist. Um die Abtrift zu bestimmen, peilt man das Kielwasser und schätzt den Winkel, den dasselbe mit der achteraus verlängerten Kiellinie bildet. Des Nachts ist man nur auf Schätzung der Abtrift je nach Fahrt, Windrichtung und Seegang angewiesen.

Da die Jacht immer nur nach Lee abtreibt, so liegt der Weg durchs Wasser auch immer in Lee von dem anliegenden Kurse. Der Seemann nennt den für Abtrift verbesserten Kurs den „behaltenen Kurs". Nehmen wir an, der Wind sei Nord (die Windrichtung wird hier immer m/w angegeben) und die Jacht liegt über Backbord-Bug oder, was dieselbe Lage bezeichnet, Backbordschoten oder Steuerbordhalsen (mit der Bezeichnung „Steuerbordhalsen" wird also angegeben, daß der Wind von Steuerbord einkommt; bei „Backbordhalsen" kommt der Wind von Backbord ein) 5 Strich am Winde, so ist der gesteuerte Kurs N5W. Das Kielwasser steht achteraus ½ Strich zu luvard auf, die Abtrift ist daher ½ Strich.

Da sich das Fahrzeug aber nicht in seiner Kielrichtung, sondern in der vom Kielwasser angegebenen Richtung weiterbewegt, so liegt der Weg durchs Wasser, oder der behaltene Kurs auch um ½ Strich links vom gesteuerten Kurse, der behaltene Kurs ist also N5½W. Ginge die Jacht über Stag, so würde sie N5O anliegen, da sie aber ½ Strich nach Lee abtreibt, so würde der behaltene Kurs N5½O sein. Hieraus ergibt sich folgende Regel: **Die Abtrift muß immer nach Lee hin angebracht werden, also segelt man über Backbord-Bug (Backbord-Schoten oder Steuerbord-Hals), so muß man die Abtrift links herum, entgegengesetzt dem Sinne der Drehung eines Uhrzeigers, aber über Steuerbord-Bug (St. B.-Schoten oder B. B.-Hals) rechts herum im Sinne der Drehung des Uhrzeigers an den gesteuerten Kurs anbringen, um den behaltenen Kurs zu erhalten.**

Da die Größe der Abtrift um so kleiner ist, je mehr Fahrt die Jacht läuft, so ist es zwecklos, beim Segeln im Seegange hoch am Winde zu liegen, da man nur das, was man durch Aufkneifen gewinnen würde, durch größere Abtrift doch einbüßen und nicht von der Stelle kommen würde. Gut „voll und bei" (also volle Segel und bei dem Wind) ist dann das Gegebene, wie der seemännische Ausdruck lautet.

Wir verfahren dabei folgendermaßen: Nachdem wir unser Fahrzeug haben anluven lassen, bis das Großsegel anfängt zu „killen" (loszukommen), lesen wir den jetzt anliegenden Kurs am Kompaß ab, fallen etwa ½ Strich (oder mehr, je nach Windstärke und Seegang) ab und verfahren so, als wenn wir Kurs steuern würden. Von Zeit zu Zeit versuchen wir, durch vorsichtiges Anluven festzustellen, ob der Wind „raumer" geworden ist, ein „Schralen" des Windes werden wir ja von selbst durch das Killen des Großsegels gewahr. (Der Wind raumt, wenn er achterlicher als vorher einkommt, kommt er aber mehr von vorne ein, so schralt der Wind. „Ausschießen" nennt der Seemann ein Rechtsdrehen, hingegen „Krimpen" ein Linksdrehen des Windes.)

Bei Lösung unserer Kartenaufgaben nehmen wir immer an, daß, wenn gekreuzt werden muß, die Jacht 5 Strich am Winde liegt und ½ Strich Abtrift hat. Selbstverständlich können in der Praxis die Fälle auch etwas günstiger liegen, je nach Wind, Seegang und den Amwindeigenschaften der Jacht, während anderseits einige Fahrzeuge bei etwas Seegang immer „butt" in die See hauen, viel Abtrift machen und nicht von der Stelle kommen, wenn man nicht ganz voll weghält.

Um die Lösung des zweiten Teiles der Kartenaufgabe nicht zu kompliziert zu gestalten, wollen wir im allgemeinen vereinbaren, daß der unter Berücksichtigung der oben angegebenen Vorsichtsmaßregeln verfolgte Weg durchs Wasser auch immer der Weg über Grund sei, d. h., daß das durch Standlinien aufgemachte Besteck immer mit dem gegißten Besteck zusammenfällt, was in Wirklichkeit in vielen Fällen selbstverständlich nicht zutreffen wird.

Da jeder Turensegler auch ein Schiffstagebuch führt, so tragen wir in dasselbe auch die gesteuerten Kurse, gesegelten Distanzen und vorgenommenen Ortsbestimmungen ein. Ein beliebiges Heft entspricht diesen Zwecken.

Als Musterbeispiele habe ich den ersten fünf Aufgaben die vollständigen Lösungen beigefügt. Die dabei gemachten Ortsbestimmungen sollen nur als Beispiele vorsichtiger Navigation dienen und können selbstverständlich auch anders gewählt werden. Die dann folgenden Aufgaben soll der sich dafür interessierende Leser selbständig lösen.

Um volles Verständnis für das Wesen der Kartenaufgaben zu bekommen, müssen die folgenden Lösungen nicht bloß durchgelesen, sondern unter sorgfältiger Beobachtung der gemachten Erwägungen in der Karte nachkonstruiert werden.

1. Aus 3 m Augeshöhe peilten Buk Feuer in SzW$3/4$W in der Kimm verschwindend, steuerten bei SSW Wind NW 18 sm und peilten Fehmarn Belt Feuerschiff recht voraus und gleichzeitig Marien Leuchte Feuer SWzS. Welches ist die Besteckversetzung? Steuerten WzN, nach 2,5 sm hörten Puttgarden Riff-Heultonne dwars an Backbord, nach 4,5 sm passierten Wester Markelsdorf-Feuer in 1,5 sm Abstand. Der Wind flaut ab und schralt nach SW. Wie ist die Jacht von hier aus weiter zu führen zur Kieler Föhrde? —

Auflösung: Die Peilung von Buk Feuer tragen wir umgekehrt, also nach N1$3/4$O an das Feuer an. Die Sichtweite des Feuers bei 5 m Augeshöhe beträgt 17 sm. Bei 3 m Augeshöhe ist das Feuer aber 1 sm weniger, also nur 16 sm weit sichtbar. Diesen Abstand setzen wir auf dem Peilungsstrahl ab und erhalten so unseren Abgangsort. An diesen Punkt tragen wir den gesteuerten Kurs N4W 18 sm an und erhalten das gegißte Besteck. Nun peilen wir aber F. B. Feuerschiff recht voraus, also in N4W und M. L. Feuer S3W. Tragen wir diese Peilungen umgekehrt, also nach S4O resp. N3O an die gepeilten Objekte an, so erhalten wir durch diese Kreuzpeilung das richtige Besteck, wo wir uns tatsächlich befinden. Die Besteckversetzung, die in Strom, mangelhaftem Steuern, Fehler in der Distanz ihre Ursache haben kann, ist also S7$1/2$W

2,5 sm (immer vom gegißten zum richtigen Besteck). Beim Passieren von Wester Markelsdorf haben wir den Abstand zu 1,5 sm gefunden, also durch eine Vierstrichpeilung. Zu dem Zwecke hatten wir W. M. Feuer gepeilt, als es 4 Strich vom Kurse peilte, nach 1,5 sm war es dwars (quer ab). Um den Schiffsort zu finden, fällen wir von W. M. Feuer das Lot auf den Kurs und tragen auf diesem die 1,5 sm ab, so finden wir, daß die Jacht um etwa $3/4$ sm nach NW versetzt worden ist.

Im folgenden zweiten Teil der Aufgabe wollen wir das, was unsere Erwägungen darstellt, in Klammern setzen, während die Eintragungen, die in das Loggbuch gemacht werden, durch das nicht eingeklammerte bezeichnet werden. (Da der Wind nach SW [m/w] geschralt ist, müssen wir kreuzen. Grundsätzlich legt man hierbei sein Fahrzeug immer zuerst auf den Streckbug, d. h. denjenigen Bug, der uns unserem Ziele näher bringt, erst wenn wir uns überzeugt haben, daß unsere Hoffnung, der Wind könnte vielleicht wieder raumer werden, sich nicht erfüllt, oder wenn wir wünschen, unter Landschutz zu kommen, werden wir den Schlag wählen, der uns Luv einbringt. Wir legen daher unser Fahrzeug auf Steuerbord-Bug [St. B. Schoten]. Am Kompasse liegen Kurse zwischen N6½W und N7½W an, wir nehmen daraus das Mittel.) Steuerten N7W mit ½ Strich Abtrift, behaltener Kurs N6½W, nach 20 sm wendeten (wir wollen unter Land kommen, um eine Ortsbestimmung machen zu können. Der Wind ist noch ungefähr SW. Auf dem Backbord-Buge liegen wir Kurse zwischen Süd und S1O an). Steuerten $S^1/_2O$ mit ½ Strich Abtrift, behaltener Kurs S1O 10 sm. (Um zu wissen, wie weit wir nach Luv aufzukreuzen haben, legen wir die Parallele zum vorigen behaltenen Kurse, also zu N6½W durch Bülk Feuerschiff und sehen, daß es bis zum Schnittpunkte der beiden Kurse 10 sm sind.) Wendeten wieder, behaltener Kurs N6½W, nach 8 sm peilten Gabels Flach Feuerschiff N1½W und die Bake von Schönberg S5W. (Wir sind etwas nach NO versetzt). Nach 3 sm passierten die Heul-Tonne nahebei. (Der Abstand ist so gering, daß er in der Karte nicht abgesetzt werden kann.) Nach 4 sm passierten Bülk Feuerschiff in $3/4$ sm Abstand. Wendeten und kreuzten im Fahrwasser in die Kieler Föhrde.

2. Um 6 Uhr morgens verließen wir den Hafen von Warnemünde und kreuzten gegen mäßigen Westwind mit 5 Knoten Fahrt. Auf Steuerbord-Bug liegend lag zwischen N3W und N4W an. Um 9½ Uhr wendeten, über Backbord-Bug segelnd lagen die Kurse zwischen S2W und S3W an. Um Mittag peilten Buk Feuerturm SO und Alt Garz Kirche Süd. Wie ist die Besteckversetzung?

Der Wind raumt nach Norden, leichte Brise. Wie ist von hier aus die Jacht, die bei der leichten Brise nur 4 Knoten läuft, weiter zu führen bis nach Travemünde?

Auflösung I. Teil: Das Mittel zwischen den anliegenden Kursen N3W und N4W ist N$3^1/_2$W, bringen wir an diesen Kurs $1/_2$ Strich Abtrift nach Lee hin an, so erhalten wir den behaltenen Kurs N3W, den wir von Warnemünde Einfahrt in die Karte eintragen. Von 6 Uhr bis $9^1/_2$ Uhr sind $3^1/_2$ Stunden. Da die Jacht 5 Knoten läuft, hat sie in der Zeit $3,5 \times 5 = 17,5$ sm zurückgelegt. Diese werden auf dem behaltenen Kurse abgesetzt. Das Mittel der auf Backbord-Bug anliegenden Kurse gibt S$2^1/_2$W, bei $1/_2$ Strich Abtrift nach Lee erhalten wir als behaltenen Kurs S2W. In den $2^1/_2$ Stunden bis Mittag wurden 12,5 sm zurückgelegt. Wir erhalten das gegißte Besteck, indem wir 12,5 sm auf dem behaltenen Kurs S2W absetzen. Tragen wir die beiden Peilungen umgekehrt, also nach N4W und Nord an Buk bzw. Alt Garz Kirche an, so finden wir durch das wahre Besteck die Besteckversetzung (immer vom gegißten Besteck zum wahren Besteck) West 2,5 sm.

II. Teil. Das in Klammern stehende sind wieder die Überlegungen, die wir machen, die aber nicht in das Loggbuch eingetragen werden. Da wir bei Nord-Wind in der Lübecker Bucht unter „Leeger-Wall" kommen, d. h. Land in Lee haben, so entschließen wir uns, von der Küste bei Elmenhorst 2 sm abzubleiben, damit wir immer noch etwas abhalten können, wenn der Wind wieder schralen sollte. Wir beschreiben um diesen vorspringenden Küstenpunkt mit 2 sm Radius einen Kreisbogen und legen an diesen vom Orte der Kreuzpeilung aus die Tangente. Übertragen wir die Richtung derselben nach der m/w Rose, so finden wir, daß sie S7W streicht.) Steuerten S7W. (Im allgemeinen sucht man, wenn man einen neuen Kurs steuert, nach einiger Zeit durch eine Kreuzpeilung festzustellen, ob der neue Kurs richtig ist. d. h. ob das Fahrzeug auch den beabsichtigten Weg über Grund gutgemacht hat. Wir haben hierzu keine Gelegenheit, da wir zu weit von Land ab sind.) Um $4^1/_4$ Uhr nachmittags passierten Klützhoved in 3,5 sm Abstand. (Der Abstand wurde gefunden nach dem Verfahren: Ermittelung des Abstandes mit Hilfe der Entfernung der Kimm, siehe S. 66.) Nach 2,5 sm peilten Klützhoved S4O und Elmenhorst Kirche S$1/_4$W. (Wir können nun abhalten, da durch diese Kursänderung der Wind noch mehr von achtern einkommt, und wir den Leegerwall nicht mehr zu scheuen haben.) Steuerten S$5^3/_4$W. Nach 3,5 sm sichteten Travemünde Feuerturm recht voraus, etwa 6 sm ab (nach Schätzung) und gelangten um 7 Uhr abends in den Hafen von Travemünde.

3. Es ist die Steuertafel zu benutzen. An Bord einer Jacht, deren Kompaß Deviation hat, peilten auf NNO½O Kompaß-Kurs den Turm von Haffkrug in der Lübecker Bucht in WNW½W am Kompaß und Klein Timmendorf Mühle SSW¼W a. K., segelten hierauf a. K. NOzO¾O 2,5 sm, NO½N 8 sm und peilten Dameshoved Feuerturm 4 Strich voraus an Backbord, nach 2 sm passierten denselben. Steuerten a. K. N¾O, nach 10 sm peilten die Kirche von Burg NzO¾O a. K. und Staber Huk ONO¼O a. K., steuerten a. K. NzO½O 1¼ sm und passierten Fehmarn Sund Ansegelungs-Tonne nahebei Segelten im Tonnenstrich durch den Fehmarnsund und peilten später auf NW¼W Kompaß Kurs den Feuerturm von Flügge in O¼N a. K. und Heiligenhafen Kirche in SzW¾W a. K.

Wie hat man von hier aus bei einbrechender Dunkelheit weiter zu steuern, um Gabelsflach Feuerschiff 2 sm nördlich zu passieren? Hier angekommen, schralt der Wind auf ungefähr m/w West. Wie hat man unter diesen Verhältnissen die Jacht weiter zu führen bis zum Kalkgrund-Feuerschiff vor der Flensburger Föhrde?

Auflösung: I. Teil. Da uns Kompaß-Richtungen gegeben sind, so müssen wir dieselben in m/w Richtungen verwandeln, also Kurs verbessern und die 1. Spalte der Steuertafel benutzen. Es ist dabei zu beachten, daß die Ablenkung einer Peilung immer die Ablenkung desjenigen Kurses ist, der zur Zeit der Peilung am Kompaß anlag. Man darf also niemals mit einer Peilung in die Steuertafel eingehen, um für die Peilung die betreffende Ablenkung zu erhalten, sondern immer nur mit dem anliegenden Kurs. Auf N2½O Kompaß-Kurs hat der Kompaß 1 Strich Ost Ablenkung, für welche die Peilungen verbessert werden müssen, mithin ist die m/w Peilung von Haffkrug N5½W und von der Timmendorfer Mühle S3¼W. Steuerten von hier am Kompaß N5¾O, Abl. 1¾O, m/w Kurs N7½O 2,5 sm; K. K. N3½O Abl. 1½O, m/w K. N5O 10 sm und passierten Dameshoved Feuerturm in 2 sm Abstand. (Gefunden durch Vierstrichpeilung. Der Abstand beim Passieren ist gleich der zwischen den beiden Peilungen gesegelten Distanz.) Steuerten a. K. N¾O, Abl. ¼O, m/w K. N1O, nach 10 sm peilten Burg Kirche a. K. N1¾O, Abl. ¼O, m/w Peilung N2O und Staber Huk a. K. N6¼O, Abl. ¼O, m/w Peilung N6½O; steuerten N1½O, Abl. ½O, m/w Kurs N2O 1¼ sm und passierten die Ansegelungs-Tonne nahebei. Auf N4¼W Kompaß-Kurs hat der Kompaß 2 Strich West Ablenkung, mithin sind die m/w Peilungen von Flügge N5¾O und von Heiligenhafen S¼O.

II. Teil. (Die Weiterreise vollzieht sich bei Nacht. Um im voraus darüber orientiert zu sein, wann und wo wir die verschiedenen

Leuchtfeuer in der Kimm in Sicht bekommen werden, tragen wir von den für unsere Reise in Frage kommenden Feuern die Feuerkreise ein. Nehmen wir an, wir hätten eine Augeshöhe von 2 m, so müßten wir von allen in der Karte angegebenen Sichtweiten 2 sm subtrahieren, um die für uns gültige Sichtweite zu erhalten. Da wir Gabels-Flach Feuerschiff 2 sm nördlich passieren sollen, so beschreiben wir um G. F. F. mit 2 sm Radius in nördlicher Richtung den Kreisbogen und legen an diesen vom Orte der Kreuzpeilung die Tangente. Die Richtung dieser Tangente, nach der nächsten m/w Rose übertragen, streicht N5W. Der zu steuernde m/w Kurs ist also N5W. Um aus diesem m/w Kurs N5W den dem Rudersmann aufzugebenden Kompaß-Kurs zu erhalten, müssen wir den m/w Kurs mit Hilfe der aus der zweiten Spalte der Steuertafel ausgenommenen Ablenkung verschlechtern.) Steuerten m/w N5W, Abl. $1\frac{3}{4}$W, am Kompaß N$3\frac{1}{4}$W. Nach $4\frac{3}{4}$ sm peilten Flügge Feuer m/w S$6\frac{3}{4}$O und Wester Markelsdorf Feuer m/w N$6\frac{1}{4}$O. (Da der Kompaß auf dem anliegenden Kurse $1\frac{3}{4}$W Ablenkung hatte, waren daher die gemachten Kompaß-Peilungen S5O bzw. Ost). Nach 4 sm peilten Kjels Nor Feuer m/w N1O (a. K. N$2\frac{3}{4}$O) und Flügge Feuer m/w S6O (a. K. S$4\frac{1}{4}$O), nach $2\frac{3}{4}$ sm peilten Gabels Flach Feuerschiff aus 2 m Augeshöhe in m/w N$6\frac{1}{4}$W (dieselbe Abl. $1\frac{3}{4}$W, also am Kompaß N$4\frac{1}{2}$W) in der Kimm. Nach 9 sm passierten Gabels Flach Feuerschiff in 2 sm Abstand.

(Für die Weiterreise soll der Wind ungefähr m/w West sein. Angenommen, die Jacht läge 5 Strich am Winde und mache ½ Strich Abtrift. Wir bringen unser Fahrzeug an den Wind. Am Kompaß liegt jetzt im Mittel N$1\frac{3}{4}$W an. Da der Kompaß auf dem Kompaßkurse N$1\frac{3}{4}$W eine Ablenkung von $1\frac{1}{4}$W hat, so wäre der m/w Kurs N3W, d. h. wir liegen 5 Strich am Winde. Bringen wir an diesen ½ Strich Abtrift nach Lee hin an, so erhalten wir als behaltenen m/w Kurs N$2\frac{1}{2}$W, den wir in die Karte einzutragen haben.)

Steuerten am Kompaß N$1\frac{3}{4}$W, Abl. $1\frac{1}{4}$W, Abtrift ½ Strich auf St. B. Bug (also mit dem Uhrzeiger), behaltener m/w Kurs N$2\frac{1}{2}$W, nach 4,0 sm peilten Schleimünde Feuer m/w N5W (Abl. $1\frac{1}{4}$W, also war die Kompaß-Peilung N$3\frac{3}{4}$W) und Bülk Landfeuer m/w S4W (Abl. $1\frac{1}{4}$W, also a. K. S$5\frac{1}{4}$W), nach 8,5 sm peilten Alt Pöhl Feuer m/w N$1\frac{1}{4}$W (a. K. Nord) in der Kimm aus 2 m Augeshöhe, nach $2\frac{1}{4}$ sm peilten Kekenis Feuer m/w N$2\frac{1}{2}$W (a. K. N$1\frac{1}{4}$W) i. K., segelten noch 5,5 sm und peilten Alt Pöhl Feuer m/w N1O (a. K. N$2\frac{1}{4}$O) und Falshöft Feuer m/w S$7\frac{1}{4}$W (a. K. N$7\frac{1}{2}$W). Wendeten, steuerten m/w S3W, Abl. $\frac{3}{4}$W, mithin lag am Kompaß S$3\frac{3}{4}$W an. Bringen wir an den m/w Kurs S3W noch ½ Strich Abtrift nach Lee hin an, so finden wir den in die Karte einzutragenden behaltenen m/w Kurs zu S2½W. Nach 3 sm wendeten wieder. Nach 3 sm passierten Falshöft Feuer in 1,5 sm Abstand. Nach 3¾ sm passierten Kalkgrund Feuerschiff in 1 sm an B. B.

5. (Es ist die Steuertafel zu benützen.) Auf SO K. K. peilten Store Rise Kirche auf Arö in O½N a. K., segelten SO a. K. 5 sm und peilten Store Rise Kirche in NzO a. K. Segelten hierauf SOzO¾O a. K. 12 sm, O¾S a. K. 14 sm und passierten Fehmarnbelt Feuerschiff 1½ sm an Backbord. Welches ist die Besteckversetzung? Wie ist von hier aus die Jacht bei günstigem Wind am Kompaß weiter zu führen bis dahin, wo man Timmendorf Feuerturm auf der Insel Pöl in m/w SWzS 3 sm ab peilt? —

Auflösung. (Auf SO K. K. hat der Kompaß 1¼O Dev., mithin sind die beiden m/w Peilungen S7¼O und N2¼O, der m/w Kurs ist S2¾O. Da eine Doppelpeilung gemacht worden ist, tragen wir beide Peilungen umgekehrt also nach N7¼W bzw. S2¼W an Store Rise Kirche an. An einen beliebigen Punkt von N7¼W tragen wir den Kurs nach S2¾O an, setzen auf ihm 5 sm ab, ziehen durch den so erhaltenen Endpunkt der Distanz die Parallele zur ersten Peilung und erhalten als deren Schnittpunkt mit der zweiten Peilung den Schiffsort.) Wir finden, daß die Jacht 4 sm von Store Rise absteht. Segelten von hier a. K. S5¾O Dev. 1½O m/w S4¼O 12 sm; S7¼O Dev. 1¾O, m/w S5½O 16 sm. (Nun fällen wir vom Fehmarnbelt Feuerschiff auf den letzten Kurs das Lot und tragen auf diesem vom Feuerschiffe aus 1½ sm nach Süden hin, da das Feuerschiff an B. B. passiert wird, ab, so erhalten wir den Schiffsort beim Passieren oder Freilaufen.) Wir finden die Besteckversetzung zu S4O 4,5 sm. (Wegen Ungenauigkeiten in der Konstruktion kann die Richtung der Besteckversetzung leicht etwas anders sein. Die südliche Versetzung ist vermutlich einem aus dem Großen Belt heraussetzenden Strom zuzuschreiben, während die östliche Versetzung einem mitlaufenden Strom anzurechnen ist.)

Steuerten m/w S5O Dev. 1½O a. K. S6½O, nach 2,5 sm passierten Puttgarden Rifftonne etwa 1 sm an St. B., gleichzeitig peilten Marien Leuchte Feuerturm 4 Strich voraus an St. B. nach 2 sm passierten denselben (Abstand also 2 sm, die SOliche Stromversetzung hat mithin noch weiter bestanden.)

Steuerten m/w S1¼O Dev. ¾O, a. K. S2O nach 7,5 sm passierten Staber Huk F. T. in etwa 2 sm Abstand. (Um den auch aus der Lübecker Bucht voraussichtlich nach Osten setzenden Strom totzusegeln, steuerten nun etwas südlicher als sonst nötig gewesen wäre, um den Bestimmungsort, Timmendorf Feuer in m/w S3W

3 sm zu erreichen.) Steuerten m/w SzW, Dev. O, a. K. S1W nach 22 sm peilten Timmendorf F. T. in m/w S2W etwa 6 sm ab (nach Schätzung); steuerten m/w S1O Dev. $^3/_4$O a. K. S1$^3/_4$O 2 sm und peilten nun Timmendorf F. T. m/w S3W. (Da der Kompaß auf dem anliegenden Kurse $^3/_4$O Abl. hatte, war mithin die Komp.-Peilung S2$^1/_4$W.) Steuerten nun weiter mit dem F. T. recht voraus und befanden uns nach 2 sm am Bestimmungsort.

Anmerkung: Die folgenden Kartenaufgaben sind in den in der Überschrift angegebenen Seekarten zu lösen, wobei selbstverständlich dieselben Grundsätze zu befolgen sind, wie bisher. Bei größeren Reisen kommt es vor, daß man von einer Karte in eine andere übergehen muß. Um dies zu erleichtern, sind die Karten stets so entworfen, daß die eine Karte die benachbarten ein Stück überlappt. Bei der Übertragung des Bestecks verfährt man folgendermaßen: Man verbindet sein Besteck mit einer Landmarke, die in beiden Karten verzeichnet ist, durch eine gerade Linie, und bestimmt Richtung und Länge derselben in Seemeilen, z. B. man steht NzO 20 sm von Arkona F. T ab. In der anderen Karte trägt man diese Richtung an Arkona F. T. an und trägt die 20 sm aber im Maßstabe der neuen Karte auf der Richtung ab. Die Übertragung des Bestecks kann auch in der Weise erfolgen, daß man die geographische Breite und Länge seines Bestecks bestimmt. Zu dem Zwecke fällt man vom Schiffsorte auf den nächsten in der Karte eingezeichneten Meridian das Lot. Die Länge dieses Lotes, am unteren oder oberen Kartenrande von dem betreffenden Meridian aus abgesetzt, gibt die geographische Länge; das Stück des Meridians vom Fußpunkt des Lotes bis zum nächsten in der Karte eingezeichneten Breitenparallel am rechten oder linken Kartenrand von demselben Breitenparallel aus abgesetzt, gibt die geographische Breite des Besteckortes. In der anderen Karte wird nach dem Maßstabe derselben auf dem betreffenden Meridian erst die Breite abgesetzt und auf dem in dem erhaltenen Punkte errichteten Lot dann die geogr. Länge abgetragen.

6. Ost-See, westlicher Teil.

Peilten Gabelsflach Feuerschiff S$^1/_4$W, segelten SOzO 4 sm und peilten G. F. T. in WSW. Segelten hierauf bei NO Wind über St. B. Bug 5 Strich am Winde mit ungefähr ½ Strich Abtrift etwa OzS 14 sm, wendeten, lagen etwa NzW an 5 sm.

Wendeten wieder. Nachdem wir auf diesem Buge 10 sm zurückgelegt hatten, peilten Fehmarnbelt F. Sch. NW und Wester Markelsdorf Feuer SWzW$^3/_4$W. Welches ist die Besteckversetzung? Wie ist von hier aus die Jacht weiter zu führen, um Drogden Feuerschiff im Sund aus 2 m Augeshöhe in NNO in der Kimm in Sicht zu bekommen? Nach dem Passieren von Gjedser Riff krimpt der Wind nach NW.

Ostsee, westlicher und mittlerer Teil.

7. In der Lübecker Bucht peilten um 6 Uhr morgens Travemünde Feuerturm SW½W und Pelzerhaken F. T. NW. Steuerten nun bei nördlichem Winde und allmählich unsichtig werdendem Wetter mit 5 Knoten Fahrt NOzO¾O bei ½ Strich Abtrift. Um 3 Uhr nachmittags loteten 15 m, um 3½ Uhr 12 m und um 4 Uhr 11 m. Wendeten und steuerten NWzW bei ½ Strich Abtrift. Um 4½ Uhr loteten 14 m, um 5 Uhr 21 m und gleich darauf 18 m. Nun hört man auch ungefähr recht voraus die Nebel-Sirene von Gjedser-Riff Feuerschiff. Wie war die Besteckversetzung? Wie ist die Jacht von hier aus bei aufklarendem Wetter und NWlichem Winde weiter zu führen bis nach Saßnitz (Rügen)?

8. (Es ist die Steuertafel zu benutzen.) Auf NNO½O K. K. peilten Neufahrwasser Leuchtfeuer SzW½W a. K. und Oxhöft Feuer dwars, steuerten bei südöstlichem Winde a. K. NNO½O 7,5 sm und passierten Hela Feuer in 1,5 sm Abstand, steuerten a. K. NzO 4 sm, NNW¾W 12 sm und peilten den Sturm-Signalmast von Ceynowa a. K. WzN, segelten denselben Kurs noch 3 sm und peilten den Signalmast a. K. SWzS. Steuerten von hier a. K. NW¾N 7 sm und passierten Rixhöft Feuerturm in 1 sm Abstand. Der Wind holte nach SW, gingen an den Wind und lagen mit 5 Strich am Winde und ½ Strich Abtrift auf St. B. Bug 60 sm und fanden mit dem Handlot keinen Grund; wendeten, nach 2 sm loteten 23 m, nach 3 sm 11 m, nach 2 sm 17 m und nach 4 sm 22 m. Wo steht das Besteck und wie ist man versetzt? Nachdem wir auf demselben Bug noch 15 sm zurückgelegt hatten, peilten Stolpmünde Kirche OSO a. K. 5 sm ab. Wie ist die Jacht von hier aus mit raumem Winde am Kompaß weiter zu führen bis zum Bülk Feuerschiff?

Gezeiten.

Unter „Gezeiten" versteht man das regelmäßige Fallen und Steigen des Wasserspiegels, welches gewöhnlich zweimal in ungefähr 25 Stunden eintritt. Die Zeit des Steigens des Wassers, also die Zeit von Niedrigwasser bis Hochwasser heißt Flut, die Zeit des Fallens Ebbe. Die mittlere Dauer der Ebbe sowohl wie der Flut beträgt 6 Stunden 12 Minuten, so daß sich die ganze Erscheinung in einem Zeitraum von 12 Stunden 25 Minuten wiederholt. In den Flußmündungen hingegen ist die Flut in der Regel von kürzerer Dauer als die Ebbe, was in dem Gegenstrom des Flusses seine Erklärung findet.

Die Gezeiten entstehen einerseits durch die Anziehungskraft des Mondes und der Sonne auf das Wasser der Erde, andererseits durch eine Zentrifugalkraft, die dadurch ausgelöst wird, daß sich Erde und Mond um einen gemeinsamen Schwerpunkt drehen. Beide Gestirne erzeugen eine Flutwelle, und zwar ist die Mondflutwelle etwa doppelt so stark wie die Sonnenflutwelle. Stehen Sonne und Mond in derselben Richtung (Neumond) oder in entgegengesetzter Richtung (Vollmond), so fallen beide Flutwellen aufeinander und es findet das höchste Hochwasser und das niedrigste Niedrigwasser statt (Springzeiten). Da die Flutwelle dem Monde wegen der vorgelagerten Ländermassen nicht ebenso schnell zu folgen vermag, so treten obige Erscheinungen erst einige Zeit nach Voll- bzw. Neumond ein. An den Küsten Belgiens, Hollands, Deutschlands und Dänemarks beträgt diese Springverspätung 2 ½ bis 3 Tage. Außer der scheinbaren Bewegung des Mondes um die Erde, die nur ein Spiegelbild der Drehung der Erde um ihre Achse ist, hat der Mond noch eine eigene Bewegung. Er braucht zu einem Umlauf um die Erde (360^0) rund einen Monat, mithin entfernt er sich von der Sonne pro Tag etwa 12°, so daß nach etwa 7 Tagen Sonne und Mond rechtwinklig zueinander stehen (erstes bzw. letztes Viertel). In dieser Stellung wirken beide Gestirne einander entgegen, insofern, als in den Gegenden, in denen die Mondflutwelle ein Hochwasser erzeugen will, von der Sonnenflutwelle ein Niedrigwasser hervorgerufen wird, während das Mond-Niedrigwasser durch die Sonnenflutwelle erhöht wird. Man nennt diese Gezeiten „Nippzeit". Sie findet nach obiger Erklärung rund 7 Tage nach Springzeit statt. Zwischen Spring- und Nippzeit finden die Gezeitenerscheinungen derart statt, daß die Sonnen- und Mondflutwelle sich zu einer Flutwelle vereinigen, so daß, je nach der Stellung des Mondes zur Sonne das Mondhochwasser durch das Sonnenhochwasser verfrüht oder verspätet wird. Binnenmeere haben keine, oder nur unmerkliche Gezeiten; so beträgt die Fluthöhe, Hub genannt, in der Ostsee bei Kiel nur 0,07 m und bei Memel kaum 0,01 m, während sie in der Nordsee für Cuxhaven 2,86 m, Bremerhaven 3,31 m und Wilhelmshaven 3,46 m erreicht.

Das Fallen und Steigen des Wasserspiegels erfolgt im allgemeinen in der Weise, daß in der letzten Stunde vor oder nach Stauwasser die Gezeitenströmung ihren geringsten, hingegen 3 Stunden vor oder nach Stauwasser ihre größte Stärke erreicht. In den Flußmündungen aber verschiebt sich die Zeit der größten Stromstärke nach der einen oder anderen Seite je nach der Örtlichkeit.

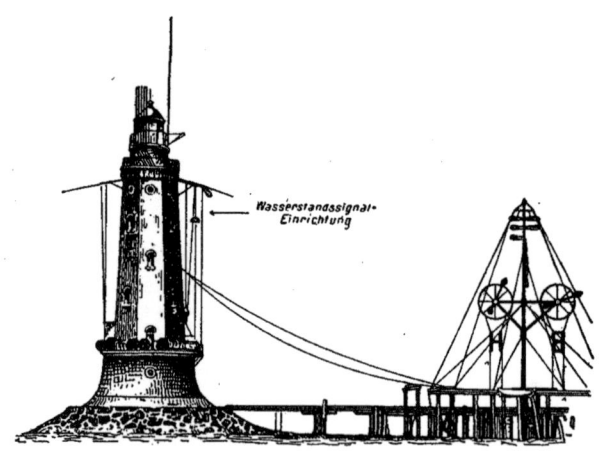

Abb. 25. Hoheweg-Leuchtturm.

Es ist Ebbe, der Wasserstand ist 1 Meter über mittlerem Spring-Niedrig-Wasser. Bei Borkum herrscht WNW-Wind, Stärke 4 (3—4): bei Helgoland NNW-Wind, Stärke 6 (5—6). Der Beschauer sieht hier den Turm von der Rückseite, der Jade her, deshalb die umgekehrten Windrichtungen.

Um den Seemann von den vorliegenden Wasserverhältnissen in Kenntnis zu setzen, werden an hervorragenden Küstenpunkten und Hafeneinfahrten Wasserstand-Signale (W-S in der Karte) gezeigt. So bedeuten beim Wasserstandsanzeiger in Bremerhaven, Brake und Vegesack jeder Ball oder jedes weiße Licht einen Meter, jeder Kegel mit der Spitze nach oben oder jedes rote Licht 20 cm, ein Kegel mit der Spitze nach unten oder ein rotes Licht über einem grünen 10 cm (letzteres Signal wird nur in Vegesack gezeigt) Wasserstand über Spring-Niedrig-Wasser. Ein aufrechter Arm oder 2 grüne Laternen zeigt Flut, ein abwärts gerichteter Arm oder eine grüne Laterne Ebbe, ein horizontaler Arm Hochwasser an. Damit beim Hoheweg-Leuchtturm der Meter-Ball nicht als Wind-Warnungs-Signal angesehen werden kann, wird er durch einen halben Ball ersetzt, während jeder Kegel mit der Spitze nach unten (rotes Licht) 25 cm bedeutet. Außerdem werden dort noch Windsignale für Borkum und Helgoland gezeigt, und zwar bedeutet jeder horizontale Arm 2 Einheiten der Beaufort-Skala, während die Zeiger die betreffende Windrichtung angeben (siehe Seite 54).

In den vom Reichsmarineamt im Verlag von E. S. Mittler und Sohn, Berlin, jährlich herausgegebenen Gezeitentafeln sind die Zeiten des Hoch- und Niedrigwassers für die wichtigsten Punkte der deutschen Küste und für eine Reihe ausländischer Hafenplätze veröffentlicht. Ferner sind in besonderen Tafeln die Zeitunterschiede, Tidenkonstanten genannt, gegeben, um die an benachbarten Orten das Hoch- und Niedrigwasser früher oder später eintritt als an der für die Tidenkonstanten geltenden Basisstation. Da der Segler auf der Elbe, Weser, Jade und Nordsee in hohem Grade von den Gezeitenströmungen abhängig ist, die zwischen seinem Abgangsorte und Reiseziel setzen, so ist für ihn die Kenntnis der Hoch- und Niedrigwasser-Zeiten von größter Bedeutung. Deshalb sind unten die Tidenkonstanten für diese Reviere gegeben. Da der Segler auf der Elbe, Weser oder Jade die betreffenden Hoch- und Niedrigwasser-Zeiten für Cuxhaven, Bremerhaven oder Wilhelmshaven aus der Zeitung (Kalender) entnehmen kann, so braucht er nur an die dort veröffentlichte Zeit die betreffende Tidenkonstante je nach dem Vorzeichen zu addieren oder subtrahieren, um die Zeit des Hoch- oder Niedrigwassers für den gewünschten Ort zu erhalten. Selbstverständlich sind alle diese angegebenen Werte nur Näherungsgrößen, da der Eintritt der Gezeit durch vorherrschende Winde stark beeinflußt werden kann. In der Deutschen Bucht wird der Eintritt des Hochwassers durch westliche Winde im allgemeinen verfrüht, durch östliche Winde verzögert.

Tidenkonstanten. 1. Basisstation: Cuxhaven.

Ort	Hochwasser + später, − früher als in Cuxhaven	Niedrigwasser + später − früher als in Cuxhaven
Emden	− 0 31	− 0 21
Helgoland	− 1 13	− 1 19
Wilhelmshaven	+ 0 7	− 0 31
Bremerhaven	+ 0 12	+ 0 10
Elbe I, Fschff.	− 0 57	− 0 57
Scharhörn	− 0 53	—
Oste-Riff-Fschff.	+ 0 44	+ 1 0
Brunsbüttel	+ 1 2	+ 1 17
Glückstadt, Hafeneinfahrt	+ 1 55	+ 2 19
Lühe	+ 2 46	+ 3 22
Schulau	+ 3 18	—
Blankenese Falkental	+ 3 35	+ 4 13
Harburg Schls.	+ 4 43	—
Hamburg	+ 4 17	+ 5 9

2. Basisstation: Bremerhaven.

Ort	Hochwasser + später, − früher als in Bremerhaven	Niedrigwasser + später, − früher als in Bremerhaven
Wilhelmshaven	− 0 15	− 0 40
Cuxhaven	− 0 12	− 0 10
Weser-Fschff.	− 1 50	− 1 46
Roter Sand-Lcht.-Tm., W-S.*)	− 1 27	− 1 23
Bremen-Fschff.	− 1 12	− 1 5
Hoheweg-Lcht.-Tm., W-S.*)	− 0 51	− 1 10
Nordenham	+ 0 10	+ 0 10
Brake, W-S. (Fünfhausen)*)	+ 0 58	+ 1 30
Elsfleth	+ 1 21	+ 1 59
Farge	+ 1 37	+ 2 34
Vegesack, W-S.*)	+ 2 17	+ 3 9
Bremen, Freihafen	+ 2 47	+ 3 52
Oldenburg	+ 3 10	+ 4 24

3. Basisstation: Wilhelmshaven.

Ort	Hochwasser + später, − früher als in Wilhelmshaven	Niedrigwasser + später, − früher als in Wilhelmshaven
Bremerhaven	+ 0 15	+ 0 40
Cuxhaven	− 0 7	+ 0 31
Weser-Fschff.	− 1 34	− 1 3
Außen-Jade-Fschff.	− 1 34	− 0 51
Wangeroog Ost, W-S.*)	− 1 13	− 0 51
Minsener Old Oog	− 1 12	− 0 47
Schillighörn	− 0 49	− 0 26
Mellum	− 0 39	− 0 22
Horumersiel	− 0 36	—
Rüstersiel	− 0 15	− 0 8
Eckwardersiel	+ 0 5	+ 0 12

*) W-S. = Wasserstands-Signale.

Aufgabe 1. Am 17. Juni ist in Bremerhaven H. W. um $4^h\ 10^m$ vorm. und $4^h\ 22^m$ nachmittags; N. W. hingegen um $10^h\ 40^m$ vorm. und $10^h\ 55^m$ nachmittags. Wann ist Hoch- und Niedrigwasser bei Vegesack und beim Weser-Feuerschiff? —

Auflösung: Vegesack.

Bremerhaven H. W.	4 h 10 m vm.	4 h 22 m nm.
Vegesack Tk.	+ 2 h 17 m	+ 2 h 17 m
Vegesack H. W.	6 h 27 m vm. d. 17. VI.,	6 h 39 m nm. d. 17. VI.
Bremerhaven N. W.	10 h 40 m vm.	10 h 55 m nm.
Vegesack Tk.	+ 3 h 9 m	+ 3 h 9 m
Vegesack N. W.	1 h 49 m nm. d. 17. VI.,	2 h 4 m vm. d. 18. VI.

Weser-Feuerschiff.

Bremerhaven H. W.	4 h 10 m vm.	4 h 22 m nm.
Weser F. Sch. Tk.	− 1 h 50 m	− 1 h 50 m
Weser F. Sch. H. W.	2 h 20 m vm. d. 17. VI.,	2 h 32 m nm. d. 17. VI.
Bremerhaven N. W.	10 h 40 m vm.	10 h 55 m nm.
Weser F. Sch. Tk.	− 1 h 46 m	− 1 h 46 m
Weser F. Sch. N. W.	8 h 54 m vm. d. 17. VI.,	9 h 9 m nm. d. 14. VI.

Aufgabe 2. In Bremerhaven ist am 15. Aug. H. W. um $7^h\ 5^m$ vm. und $7^h\ 20^m$ nm., N. W. um $1^h\ 20^m$ vm. und $1^h\ 40^m$ nm. Wann ist H. und N. W. in Cuxhaven und Brunsbüttel? —

Auflösung:
Cuxhaven.

Bremerhaven H. W.	7 h 5 m vm.	7 h 20 m nm.
Cuxhaven Tk.	— 0 h 12 m	— 0 h 12 m
Cuxhaven H. W.	6 h 53 m vm. d. 15. VIII.,	7 h 8 m nm. d. 15. VIII.
Bremerhaven N. W.	1 h 20 m vm.	1 h 40 m nm.
Cuxhaven Tk.	— 0 h 10 m	— 0 h 10 m
Cuxhaven N. W.	1 h 10 m vm. d. 15. VIII.,	1 h 30 m nm. d. 15. VIII.

Brunsbüttel.

Cuxhaven H. W.	6 h 53 m vm.	7 h 8 m nm.
Brunsbüttel Tk.	+ 1 h 2 m	+ 1 h 2 m
Brunsbüttel H. W.	7 h 55 m vm. d. 15. VIII.,	8 h 10 m nm. d. 15. VIII.
Cuxhaven N. W.	1 h 10 m vm.	1 h 30 m nm.
Brunsbüttel Tk.	+ 1 h 17 m	+ 1 h 17 m
Brunsbüttel N. W.	2 h 27 m vm. d. 15. VIII.,	2 h 47 m nm. d. 15. VIII.

Aufgabe 3. Am 16. Juni will eine Jacht von Blankenese nach Wangeroog segeln. In Cuxhaven ist H. W. um $6^h\ 55^m$ vm. und $7^h\ 5^m$ nm., N. W. um $1^h\ 15^m$ vm. und $1^h\ 35^m$ nm. Wann ist Hoch- und Niedrigwasser bei Blankenese, beim Roten Sand und bei Wangeroog?

Auflösung:
Blankenese.

Cuxhaven H. W.	6 h 55 m vm.	7 h 5 m nm.
Blankenese Tk.	+ 3 h 35 m	+ 3 h 35 m
Blankenese H. W.	10 h 30 m vm. d. 16. VI.,	10 h 40 m nm. d. 16. VI.
Cuxhaven N. W.	1 h 15 m vm.	1 h 35 m nm.
Blankenese Tk.	+ 4 h 13 m	+ 4 h 13 m
Blankenese N. W.	5 h 28 m vm. d. 16. VI.,	5 h 48 m nm. d. 16. VI.

Roter Sand.

Der Zeitunterschied zwischen Cuxhaven und Bremerhaven beträgt $+\ 0^h\ 12^m$ für H. W. und $+\ 0^h\ 10^m$ für N. W.; daher

Bremerhaven H. W.	7 h 7 m vm.	7 h 17 m nm.
Roter Sand Tk.	— 1 h 7 m	— 1 h 27 m
Roter Sand H. W.	5 h 40 m vm. d. 16. VI.,	5 h 50 m nm. d. 16. VI.
Bremerhaven N. W.	1 h 25 m vm.	1 h 45 m nm.
Roter Sand Tk.	— 1 h 23 m	— 1 h 23 m
Roter Sand N. W.	0 h 2 m vm. d. 16. VI.,	0 h 22 m nm. d. 16. VI.

Wangeroog.

Der Zeitunterschied zwischen Cuxhaven und Wilhelmshaven beträgt $+\ 0^h\ 7^m$ für H. W. und $-\ 0^h\ 31^m$ für N. W., daher

Wilhelmshaven H. W.	7 h 2 m vm.	7 h 12 m vm.
Wangeroog Tk.	— 1 h 13 m	— 1 h 13 m
Wangeroog H. W.	5 h 49 m vm. d. 16. VI.,	5 h 59 m nm. d. 16. VI.
Wilhelmshaven N. W.	0 h 44 m vm.	1 h 4 m nm.
Wangeroog Tk.	— 0 h 51 m	— 0 h 51 m
Wangeroog N. W.	11 h 53 m vm. d. 15. VI.,	0 h 13 m nm. d. 16. VI.

Dem Segler auf See geben Aufschluß über die zu berücksichtigenden Stromverhältnisse die in Abb. 26 gegebenen Strömungskarten, welche den Gezeitentafeln des Reichsmarineamtes entnommen sind. Wie die Unterschriften zeigen, beziehen sie sich auf einen ungefähren Zeitpunkt von 2 zu 2 Stunden vor oder nach Cuxhaven-Hochwasser. Da aber die Hochwasserzeiten von Cuxhaven, Bremerhaven und Wilhelmshaven nur um ein paar Minuten voneinander verschieden sind, so kann man in der Praxis je nach dem betreffenden Orte ebenso richtig statt Cuxhaven die Namen Bremerhaven oder Wilhelmshaven dafür lesen. Ein Beispiel wird ihre Benutzung erklären.

Aufgabe 4. Karte: Helgoländer Bucht. Am 5. Juni um $9^h 30^m$ vm. passiert eine von Wilhelmshaven kommende Jacht den Roten-Sand-Feuerturm. Der Wind ist West mäßig, die Jacht läuft 5 Kn. Wie hat man bei diesigem Wetter zu steuern, um nach Helgoland zu kommen? —

Auflösung: Vom Roten Sand nach Helgoland ist der m/w Kurs über Grund $N^3/_4W$ 20 sm, dazu würde die Jacht etwa 4 Stunden gebrauchen, also gegen $1\frac{1}{2}^h$ nm. in Helgoland ankommen. Am 5. Juni ist in Wilhelmshaven um $4^h 5^m$ vm. und um $4^h 40^m$ nm. Hochwasser. Die Jacht passiert also ungefähr $5\frac{1}{2}^h$ nach Wilhelmshaven Hochwasser den Feuerturm. Aus Abb. 26, Karte 6 (4^h nach Cuxhaven H. W.) und Karte 1 (6^h vor oder nach Cuxh. H. W.) kann man schließen, daß beim Roten Sand noch etwas Ebbe läuft, aber bald Stauwasser eintreten wird. Die Ankunft in Helgoland um $1\frac{1}{2}$ nm. erfolgt 3 h vor Wilhelmshaven (oder Cuxhaven) H. W. Karte 2 bzw. 3 ergibt, daß man 3 bis $3\frac{1}{2}$ Stunden lang mit einem nach SO bzw. Ost etwa 1 Knoten Fahrt setzenden Flutstrom zu rechnen hat. Um diesen Strom tot zu segeln, setzen wir unseren Ankunftsort 3 sm westlich von Hogstean fest. Verbinden wir nun diesen Punkt mit dem Roten Sand-Feuerturm, so erhalten wir als m/w Kurs N1 ½W. Vorsichtshalber werden wir auch nicht die Abtrift vergessen, und halten, da wir durch den Westwind nach Osten hin abtreiben, ½ Strich höher, so daß der zu steuernde m/w Kurs N2W ist. Sollte aber nach der Wetterlage ein Abflauen des Windes bzw. wegen des Seegangs eine Abnahme der Fahrt der Jacht und wegen der dadurch verlängerten Reisedauer eine größere Stromversetzung zu befürchten sein, so würde es sich empfehlen, noch etwas höher an den Wind zu gehen, so daß man sicher ist, Helgoland in Lee in Sicht zu bekommen, denn abhalten kann man immer leicht, während ein Kreuzgang gegen Wind und Strom nicht zu den Annehmlichkeiten gehört. Darum ist es überhaupt beim Segeln im Strom als feste Regel zu betrachten, daß man seinen Kurs so absetzen muß, daß das Ansteuerungsobjekt sicher in Lee bleibt. Trotz aller Vorsicht wird man aber doch noch manchmal große Enttäuschung erleben können, besonders, wenn man in Flaute stundenlang herumtreibt und man wegen

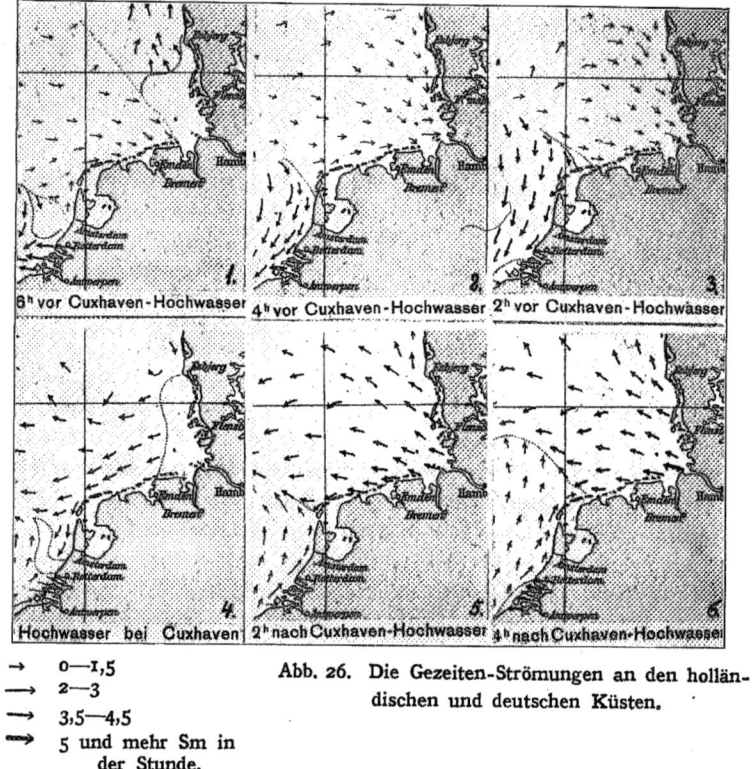

→ 0—1,5
→ 2—3
→ 3,5—4,5
→ 5 und mehr Sm in der Stunde.

Abb. 26. Die Gezeiten-Strömungen an den holländischen und deutschen Küsten.

des in der Deutschen Bucht im Sommer oft recht diesigen Wetters weder von der Küste noch vom nahen Helgoland etwas sichten kann. Wie eine Erlösung wird es dann begrüßt, wenn bei Einbruch der Dunkelheit die mit großer Kerzenstärke versehenen weithin sichtbaren Küstenfeuer aufleuchten und dem Segler auf die einfachste Weise eine Feststellung seines Bestecks ermöglichen.

Deviationsbestimmung des Kompasses.

Da der Wandersegler bei der Ansteuerung von Land und bei der Ortsbestimmung auf den Kompaß angewiesen ist, so ist für ihn die Bestimmung der Deviation seines Kompasses von größter Wichtigkeit. Das Verfahren ist einfach.

Wir wissen, daß die Deviation der Unterschied ist zwischen dem Kompaßkurs und dem m/w Kurs und daß, vom Kompaßkurs zum m/w Kurs gehend, Ost-Deviation rechts herum, West-Deviation links herum an den Kompaßkurs angebracht werden muß.

Ist mir der Kompaßkurs und gleichzeitig auch der entsprechende m/w Kurs bekannt, so muß der Unterschied zwischen beiden Richtungen die Deviation sein, und zwar muß sie den Namen Ost erhalten, wenn ich vom K. K. rechts herum gehen muß, um den mir bekannten m/w Kurs zu erhalten; muß ich aber links herum gehen, so kann die Deviation auch nur den Namen West haben. Die ganze Aufgabe spitzt sich also nur auf die Frage zu, wie erhalte ich ohne Kenntnis der Deviation zu dem anliegenden Kompaßkurs den entsprechenden m/w Kurs?

Segelt man auf einem Flusse oder längs einer Küste, so bietet sich häufig die Gelegenheit, zwei Feuertürme, eine Mühle mit einer Kirche oder sonstige in die Karte eingezeichnete Objekte in Deckung zu peilen.

Die in die Karte eingezeichnete Verbindungslinie der gepeilten Objekte, nach der nächsten m/w Rose übertragen, gibt mir die m/w Richtung dieser Deckpeilung. Hält nun der Segler, wenn er mit seinem Fahrzeug in der Deckpeilung angekommen ist, die betreffenden Objekte recht voraus, steuert also auf sie zu, so kann er gleichzeitig am Kompaß den zugehörigen Kompaßkurs ablesen. Der Unterschied zwischen beiden Richtungen ergibt die Deviation.

Aufgabe 1. Betrachten wir die Abb. 18. (S. 48) Angenommen, die Jacht hat das Unterfeuer und Oberfeuer (bei Tage die Türme) recht voraus in Deckung, steuert also direkt auf die Feuer zu. Am Kompaß liegt N2O an. Nach der Karte streicht die Richtfeuerlinie aber N¾O. Um vom K. K. N2O nach dem m/w K. N¾O hinzukommen, muß man 1¼ Strich links herum gehen, mithin hat der Kompaß auf dem K. K. N2O eine Dev. von 1¼W.

Aufgabe 2. Angenommen, die Jacht hätte die beiden Feuertürme recht achteraus in Deckung, während am Kompaß S¼O anliegt. Wir müssen daher, um vom K. K. S¼O nach dem m/w K. S¾W (der entgegengesetzten Richtfeuerlinie) hinzukommen, 1 Strich rechts herum gehen; mithin hat der Kompaß auf K. K. S¼O eine Deviation von 1O.

Aufgabe 3. Eine Jacht segelt auf einem Flusse im Tonnenstrich, am Kompaß liegt N5½W an, nach der Karte ist der Kurs N6¼W, mithin hat der Kompaß auf K. K. N5½W eine Deviation von ¾W.

Aufgabe 4. Man peilt eine Mühle in Deckung mit einer Kirche etwas vorlicher als dwars an B. B. Man luvt so weit an (bzw. fällt ab), bis man die beiden Objekte recht dwars (am Achterschott des Kajütaufbaues entlang) peilt. Am Kompaß liegt dann S5½W an, die Deckpeilung ist nach der Karte S2O. Da wir die Objekte dwars an B. B., also 8 Strich links vom K. K. S5½W peilen, so müssen wir vom K. K. S5½W auch 8 Strich links herum gehen und erhalten als Kompaß-Peilung der Objekte S2½O. Die m/w Peilung ist aber S2O, mithin hat der Kompaß auf K. K. S5½W eine Deviation von ½O.

Aufgabe 5. (Siehe Benutzung der Peilscheibe zur Deviationsbestimmung Seite 106.) Auf NOzN K. K. peilten eine Kirche mit einer Mühle in Deckung in WNW. Nach der Karte aber liegt die Mühle NWzW¼W von der Kirche. Um von der K.-Peilung N6W zur m/w Peilung N5¼W zu gelangen, muß man ¾ Strich rechts herum gehen; mithin hat der Kompaß auf NOzN K. K. ¾ Strich Ost Deviation.

So findet der Segler auf seinen sonntäglichen Fahrten leicht eine Menge Gelegenheiten, für die verschiedenen Kompaßkurse seine Deviation zu bestimmen, indem er sich nach der Karte geeignete Deckpeilungen zusammenstellt und, wenn diese nicht gerade in der Richtung des Fahrwassers liegen, im geeigneten Moment durch einen Aufschießer oder durch Abfallen in die Deckpeilung hineinsteuert.

Ein anderes Verfahren, sich die Kenntnis von m/w Richtungen zu verschaffen, besteht darin, daß man von einem in der Karte festgelegten Orte, einer Boje (aber keiner eisernen), einem bestimmten Punkte, einer Bucht, Landzunge oder dergleichen die m/w Peilung

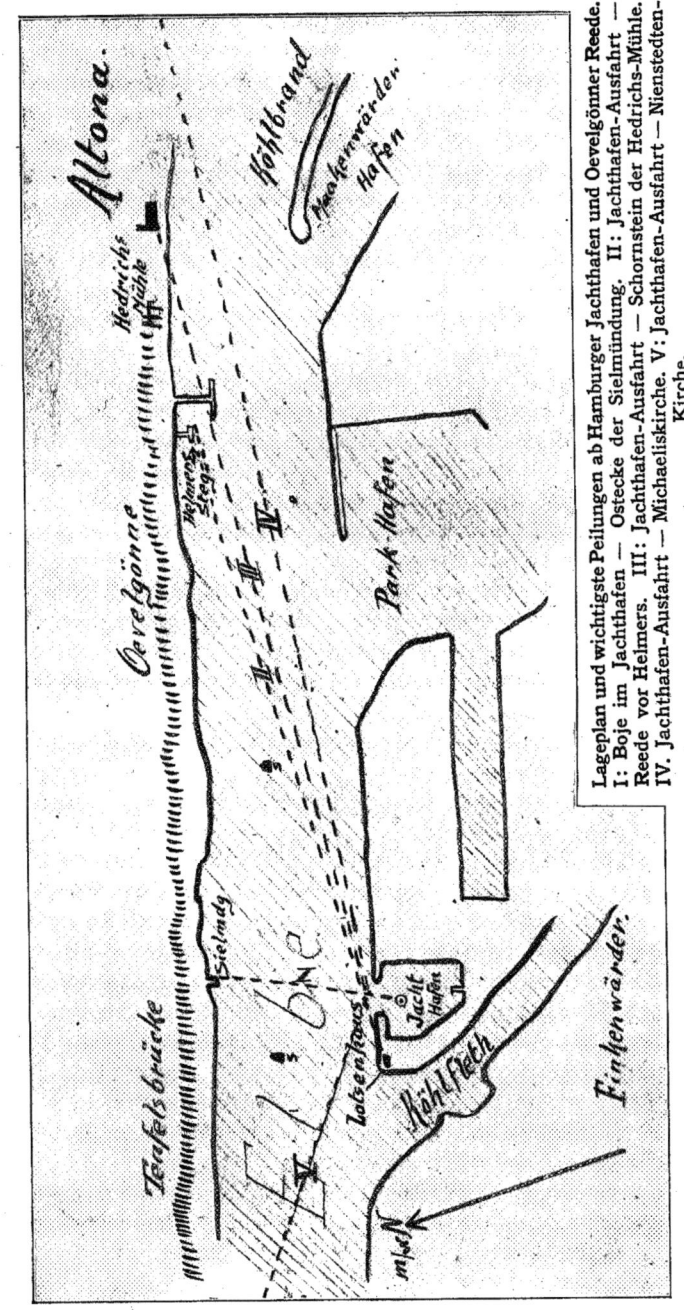

Abb. 27.

Lageplan und wichtigste Peilungen ab Hamburger Jachthafen und Oevelgönner Reede. I: Boje im Jachthafen — Ostecke der Sielmündung. II: Jachthafen-Ausfahrt — Reede vor Helmers. III: Jachthafen-Ausfahrt — Schornstein der Hedrichs-Mühle. IV. Jachthafen-Ausfahrt — Michaeliskirche. V: Jachthafen-Ausfahrt — Nienstedten-Kirche.

genügend weit entfernter Objekte der Karte entnimmt. Dann legt man sein Fahrzeug auf diesen Beobachtungspunkt und schwoit es herum, bis die betreffenden Objekte recht voraus gepeilt werden. Durch eine entsprechend gemachte Peilung recht achteraus, querab an B. B. und querab an St. B. bekommt man die Deviation für diese 4 Kurse. Ist das betreffende Objekt weit genug entfernt, so hat eine geringe Ortsveränderung beim Herumschwoien keinen Einfluß auf die m/w Peilung.

Herr A. W. Burmester, Hamburg, hat von dem Hamburger Jachthafen aus eine Reihe solcher Peilungen zusammengestellt, die ich hier mit seiner freundlichen Erlaubnis benütze. (Siehe Abb. 27.)

Mw. N6¾O: peilt von der Mitte der Jachthafen-Ausfahrt aus die weiße Villa mit leuchtendrotem Dach an der Elbchaussee hart östlich der Himmelsleiter.

„ O: peilt der Schornstein der Hedrichschen Mühle von der Jachthafen-Ausfahrt aus.

„ S7¾O: peilt der Turm der Michaeliskirche von der Ausfahrt des Jachthafens.

„ N2O: peilt von der Mitte der Jachthafen-Ausfahrt aus die Ostkante der roten (Sielmündungs-)Mauer am gegenüberliegenden Ufer.

„ N4¾W: Nienstedtener Kirche von der Ausfahrt des Jachthafens aus.

Im Anhange sind für die Weser und Elbe eine Reihe von m/w Deckpeilungen angegeben.

Wie wir später sehen werden, tritt bei geneigtem Schiff unter Umständen auf den nördlichen und südlichen Kursen eine besondere Deviation auf, Krängungsfehler genannt, deren Größe mit der Zunahme der Krängung wächst. Man kann daher auf demselben Kurse aber bei verschiedener Krängung von einander ganz abweichende Deviationen erhalten. Deshalb ist bei allen Deviationsbestimmungen auf nördlichen und südlichen Kursen streng darauf zu achten, daß das Fahrzeug keine Schlagseite hat, was unter Umständen durch Auffieren von Schoten kurz vor der Peilung erreicht werden kann. Ist ein Vermeiden von Krängung nicht möglich, so ist dieselbe nach Schätzung bei der Beobachtung zu notieren.

Die gefundenen Deviationen nebst den zugehörigen Kompaßkursen werden aufgeschrieben und gesammelt, bis wir eine genügende Anzahl von Beobachtungswerten gewonnen haben, die sich über den ganzen Kompaß verteilen.

Betrachten wir Abb. 6 (S. 16), so sehen wir, daß die Größe der Deviation sich ändert je nach dem Winkel, unter dem die ablenkende Kraft des Schiffspoles (hier der S-Pol) an der Kompaßnadel angreift; daraus folgt, daß sich die Deviation nicht sprunghaft, sondern gesetzmäßig und allmählich ändern muß. Mithin kann ihr Verlauf auch durch Zeichnung dargestellt werden, wenn eine genügende Anzahl ihrer Werte bekannt sind. Dies ist für uns nach den oben gesammelten Beobachtungen der Fall.

Angenommen, wir hatten folgende Beobachtungsreihe gefunden:

Kompaß-Kurs	Deviation
N¼O	¾O
N2O	¼O
N3½O	½W
N4¾O	1W
N5½O	¾W
N7½O	1½W
S6¾O	1½W
S5½O	1½W
S4½O	2W
S3¼O	1¼W
S¾O	½W
S1¾W	¼O
S3½W	¾O
S6W	1¼O
S6½W	1O
S7½W	1¾O
N7¼W	1½O
N6½W	¾O
N5¼W	1¾O
N3¼W	1¼O
N1½W	1O
N¼W	1O

Nun nehmen wir einen Streifen Millimeterpapier oder beliebiges kariertes Schreibpapier, ziehen in diesem eine senkrechte Linie als Achse und bezeichnen auf dieser in je 10 mm Abstand oder im doppelten des karierten Papiers die Kurse von Strich zu Strich. Um für die betreffenden Kompaßkurse die Deviation abzusetzen, wählen wir für diese, wenn wir kein Millimeter- oder kariertes Papier benutzen, ganz unabhängig vom Maßstab der Achse, einen beliebigen Maßstab, je größer desto besser, z. B. für je ¼ Strich 3 mm. Ostablenkung tragen wir nach rechts, Westablenkung nach links senkrecht zur Achse an den betreffenden Kompaßkurs an wie folgt: Auf dem Kompaßkurs N¼O haben wir ¾O Ablenkung gefunden. Wir suchen uns an der Achse nach Schätzung zwischen Nord und N1O den Kurs N¼O auf, tragen mit einem Lineal mit Millimeterteilung oder mittels eines Zirkels 9 mm (¼ Strich = 3 mm) senkrecht zur Achse nach rechts (weil Ost) ab und bezeichnen den Endpunkt dieser Strecke durch ein Kreuz. So verfahren wir auch mit den anderen Werten, immer Ostdeviation nach rechts, Westdeviation nach links, und erhalten die in Abb. 28 durch Kreuze gekennzeichneten Beobachtungspunkte. Durch diese Punkte versuchen wir nun eine schlank verlaufende Kurve zu ziehen. Dabei dürfen wir aber nicht engherzig sein. Was ist ¼ Strich auf einem Jachtkompaß, eine Größe, die überhaupt nicht in Betracht kommt und die wir mehr der Theorie halber, als der Praxis entsprechend, in den Bereich unserer Betrachtungen gezogen haben. Es erfordert schon einen sehr geübten Beobachter und günstige Verhältnisse, um so gut miteinander übereinstimmende Werte zu erzielen, wie Abb. 28 sie zeigt.

Wegen der bei aller Sorgfalt unvermeidlichen Beobachtungsfehler werden nicht alle Punkte in dieser Kurve unterzubringen sein. Wir verwerten sie dann vermittelnd, indem wir den einen etwas innerhalb, den anderen etwas außerhalb der Kurve lassen. Solche Punkte aber, die in eine Kurve überhaupt nicht hineinpassen, werden als mit zu großen Beobachtungsfehlern behaftet vernachlässigt. Finden wir eine größere Reihe von Punkten, mit denen wir absolut nichts anzufangen wissen, so gilt das für uns als Aufforderung, auf diesen Kursen nochmals eine neue sorgfältige Deviationsbestimmung vorzunehmen. Führen uns auch diese zu keinem Ergebnis, so taugt entweder der Kompaß nichts, oder sein Aufstellungsort ist wegen der Nähe großer Eisenmassen ganz ungünstig oder es ist ein Krängungsfehler die Ursache.

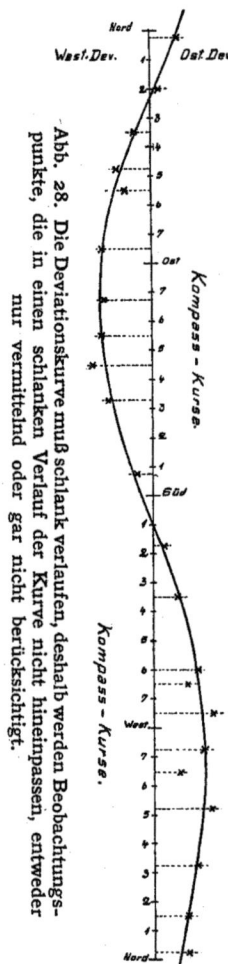

Abb. 28. Die Deviationskurve muß schlank verlaufen, deshalb werden Beobachtungspunkte, die in einen schlanken Verlauf der Kurve nicht hineinpassen, entweder nur vermittelnd oder gar nicht berücksichtigt.

Mit Hilfe der Kurve können wir uns jetzt den ersten Teil einer Steuertafel herstellen, indem wir von Strich zu Strich den Abstand der Kurve von der Achse messen, nach demselben Maßstabe, nach dem die Deviation vorher abgesetzt wurde, also z. B. für je 3 mm = $\frac{1}{4}$ Strich nehmen. Die gefundenen Werte legen wir im ersten Teil einer Steuertafel nieder, der wir die nebenstehende Form geben. Den zweiten Teil der Steuertafel erhalten wir, indem wir aus der Spalte „so ist dies der m/w Kurs" von Strich zu Strich durch Einschalten nach Schätzung, wie wir es beim Kursverschlechtern geübt haben, die zu dem vollen Strich des betreffenden m/w Kurses gehörende Deviation ausnehmen. Auf eine Ungenauigkeit von $\frac{1}{4}$ Strich kommt es aus oben angeführten Gründen nicht an.

Teil I und II der so fertiggestellten Steuertafel werden dann auf Pappdeckel geklebt und in der Kajüte aufgehängt. Beim

Steuertafel.

I. Teil			II. Teil		
wird am Kompaß gesteuert	Dev.	so ist dies der m/w Kurs	soll der m/w Kurs hingehen	Dev.	so ist am / Kompaß zu steuern
Nord	¾O	N¾O	Nord	1O	N1W
N1O	½O	N1½O	N1O	¾O	N¼O
N2O	—	N2O	N2O	—	N2O
N3O	¼W	N2¾O	N3O	¼W	N3¼O
N4O	¾W	N3¼O	N4O	1W	N5O
N5O	1W	N4O	N5O	1¼W	N6¼O
N6O	1¼W	N4¾O	N6O	1½W	N7½O
N7O	1½W	N5½O	N7O	1½W	S7½O
Ost	1½W	N6½O	Ost	1½W	S6½O
S7O	1½W	N7½O	S7O	1½W	S5½O
S6O	1½W	S7½O	S6O	1½W	S4½O
S5O	1½W	S6½O	S5O	1¼W	S3¾O
S4O	1¼W	S5¼O	S4O	1¼W	S2¾O
S3O	1¼W	S4¼O	S3O	1W	S2O
S2O	1W	S3O	S2O	¾W	S1¼O
S1O	¾W	S1¾O	S1O	½W	S½O
Süd	¼W	S¼O	Süd	¼W	S¼W
S1W	—	S1W	S1W	—	S1W
S2W	¼O	S2¼W	S2W	¼O	S1¾W
S3W	¾O	S3¾W	S3W	½O	S2½W
S4W	1O	S5W	S4W	¾O	S3¼W
S5W	1O	S6W	S5W	1O	S4W
S6W	1¼O	S7¼W	S6W	1O	S5W
S7W	1¼O	N7¾W	S7W	1¼O	S5¾W
West	1½O	N6½W	West	1¼O	S6¾W
N7W	1½O	N5½W	N7W	1½O	S7½W
N6W	1½O	N4½W	N6W	1½O	N7½W
N5W	1½O	N3½W	N5W	1½O	N6½W
N4W	1¼O	N2¾W	N4W	1½O	N5½W
N3W	1¼O	N1¾W	N3W	1¼O	N4¼W
N2W	1O	N1W	N2W	1¼O	N3¼W
N1W	1O	Nord	N1W	1O	N2W
Nord	¾O	N¾O	Nord	1O	N1W

Gebrauch kann man durch Einschalten gleich zu einem gesteuerten Kompaßkurs aus Teil I den zugehörigen m/w Kurs, und aus Teil II zu einem beabsichtigten m/w Kurs den zu steuernden Kompaßkurs entnehmen.

Man vermeidet dadurch Fehler, die selbst geübten Navigateuren beim Kursverwandeln manchmal unterlaufen.

Benutzung der Peilscheibe zur Deviationsbestimmung.

Ganz außerordentlich vereinfacht wird das Verfahren der Deviationsbestimmung, wenn man die auf Seite 61 beschriebene Plathsche Peilscheibe an Bord hat. Das Verfahren ist dann das folgende: Man entnimmt der Karte die m/w Peilung des betreffenden Objektes, angenommen, sie sei S4½O; dann stellt man am Steuerstrich die Rose der Peilscheibe auf einen beliebigen Kurs ein, z. B. auf S3W und den Zeiger des Peilrohres auf die oben ermittelte m/w Peilung S4½O. In dieser Einstellung bleibt die Peilscheibe nunmehr unberührt. Jetzt schwoit man das Fahrzeug nach Bedarf so lange rechts oder links herum, bis das Objekt (bzw. bei Deckpeilungen die beiden Objekte) auch im Faden des Peilrohres erscheint. Diesen Augenblick kennzeichnet man durch den Ruf „Stopp". Auf diesen Ruf liest der Rudersmann den anliegenden Kurs am Kompasse ab; angenommen, er sei S2½W. Wir haben also: m/w Peilung S4½O, daher auch m/w Kurs S3W (am Steuerstrich der Rose eingestellt), dazu gehöriger Kompaßkurs S2½W. Mithin hat der Kompaß auf dem m/w Kurs S3W eine Deviation von ½ Strich Ost.

Indem man so, die Stellung des Zeigers auf der m/w Peilung stets beibehaltend (im obigen Falle also stets auf S4½O eingestellt), in der Folge jeden einzelnen Strich der Rose am Steuerstrich einstellt, das Fahrzeug entsprechend schwoit und im Moment der Peilung den dann anliegenden Kompaßkurs abliest, erhält man als Unterschied zwischen Kompaßkurs und m/w Kurs die Deviationen für alle m/w Kurse von Strich zu Strich, welche dann in einer Steuertafel niedergelegt werden können. Mit Hilfe der Plathschen Peilscheibe erhalten wir also durch wiederholte Peilung ein und derselben Deckpeilung gleich die Deviationen für sämtliche m/w Kurse, d. h. den ganzen II. Teil der Steuertafel. Den I. Teil, die Kompaßkurse von Strich zu Strich und die dazu gehörenden Deviationen ermitteln wir durch Interpolation.

Will man seine Sache ganz schön machen, so empfiehlt es sich auch, die nach obigem Verfahren bestimmten Deviationen in ein Diagramm einzuzeichnen, wie auf Seite 103 beschrieben ist. Durch ein schlankes Ziehen der Kurve kann man dann Beobachtungsfehler ausgleichen und auch für etwaige ausgefallenen Kurse die Deviationen ausnehmen.

Benutzung der Peilscheibe zur Bestimmung eines zu steuernden Kompaßkurses.

Wenn ein eisernes oder stählernes Fahrzeug längere Zeit auf ein und demselben Kurse angelegen hat, z. B. auch im Hafen, so nimmt es einen gewissen Betrag von halbfestem Magnetismus auf (siehe Seite 109 Induktion durch die erdmagnetische Kraft und Seite 116 Kompensation des Kompasses). Derselbe wird den Kompaß, je nach seinem Aufstellungsorte, mehr oder weniger beeinflussen, sodaß die in der Steuertafel niedergelegten Deviationen zur Zeit nicht mehr ganz zutreffend sind. Aber auch sonst ist es für den Jachtsegler beim Verlassen eines Hafens von Bedeutung, den zu steuernden Kompaßkurs auf zuverlässige Art kennen zu lernen, um einen gewünschten m/w Kurs gutzumachen, ohne erst auf die Steuertafel Bezug nehmen zu müssen.

Das Verfahren ist einfach, analog dem obigen. Man entnimmt der Karte die Deckpeilung zweier in Sicht befindlicher Objekte oder sonst eine bekannte m/w Peilung, stellt am Steuerstrich der Rose den betreffenden m/w Kurs ein, den man gut zu machen wünscht und am Zeiger des Peilrohres die ermittelte m/w Peilung Nach dieser Einstellung läßt man die Peilscheibe unberührt. Jetzt schwoit man sein Fahrzeug so lange herum, bis die betreffenden Objekte im Faden des Peilrohres erscheinen. Der in diesem Moment am Kompaß anliegende Kurs muß gesteuert werden, um den gewünschten m/w Kurs gutzumachen, z. B.

Eine Jacht verläßt bei häsigem Wetter die Kieler Föhrde, um nach dem Großen Belt zu segeln. Der m/w Kurs ist N5¼O. Außerhalb der Föhrde peilt man Bülk Feuerturm mit der Kaltenhöfer Mühle in Deckung. Nach der Karte ist die m/w Peilung S6¾W. Am Steuerstrich wird die Rose auf den m/w Kurs, also auf N5¼O, der Zeiger des Peilrohres auf S6¾W eingestellt. Darauf läßt man die Jacht solange anluven bzw. abfallen, bis Feuerturm und Mühle in Deckung im Faden des Peilrohres erscheinen. In diesem Moment liegt am Kompaß N4¾O an. Es muß also dieser Kurs am Kompaß gesteuert werden, um m/w N5¼O gutzumachen.

Deviation und Kompensation des Kompasses.

Dem Jachtsegler ist eine größere Deviation des Kompasses sehr unangenehm, nicht allein wegen der Unbequemlichkeit des Umrechnens und weil am Kompaß andere Kurse anliegen als das Fahrzeug segelt, sondern auch weil der Kompaß auf gewissen Kursen unzuverlässig wird, und, wenn die Jacht Schlagseite hat, noch so sorgfältig gemachte Deviationsbestimmungen wegen des Krängungsfehlers für denselben Kurs verschiedene Werte ergeben, besonders auf nördlichen und südlichen Kursen.

Daher ist die Frage berechtigt, ob die Deviation des Kompasses nicht beseitigt werden kann. Um einem Fehler abhelfen zu können, ist es notwendig, seine Ursache zu ergründen. Deshalb müssen wir uns, wenn auch nur in großen Zügen, etwas mit der Entstehung des Schiffsmagnetismus und seiner Wirkung auf die Kompaßnadel beschäftigen.

Kramen wir in den seligen Erinnerungen der Schulzeit, so taucht auch in unserem Gedächtnis das magnetische Grundgesetz für die Wirkung zweier Magnete auf:

Gleichnamige Pole stoßen sich ab, ungleichnamige aber ziehen sich an.

Um die Wirkung eines Magnets auf unmagnetisches Eisen kennen zu lernen, nähern wir z. B. dem Nordpol eines genügend starken Magnets eine Eisenstange. Wir finden, daß die Stange selbst zu einem Magnet wird, und zwar bekommt das dem Nordpol zugewendete Ende der Stange einen Südpol, das abgewendete Ende einen Nordpol, wie man mittels einer kleinen Magnetnadel leicht nachweisen kann. (Ich erinnere an die Jugendspielerei mit den Schreibfedern, die am Magnet hängend eine längere Kette bilden.) Daraus ergibt sich das folgende Gesetz:

In jedem Eisen, das sich im Wirkungsbereiche eines Magnets befindet, wird Magnetismus induziert (erzeugt), und zwar erzeugt ein Nordpol immer einen Südpol und umgekehrt.

Weiches Eisen nimmt den Magnetismus leicht an, verliert ihn aber ebenso schnell wieder. Hartes Eisen oder Stahl bedarf längerer Einwirkung des Magnets, behält dafür aber auch einen Teil dieses Magnetismus für dauernd. Man nennt ihn deshalb festen Magnetismus, während in weichem Eisen erzeugter Magnetismus als flüchtiger Magnetismus bezeichnet wird. Dasjenige Eisen, welches in bezug auf seine Härtegrade zwischen ganz weichem und ganz hartem Eisen liegt, nimmt daher eine Art Magnetismus auf, der erst nach kürzerer oder längerer Zeit verschwindet, nachdem das Eisen der Einwirkung des Magnets entzogen worden ist (Schreibfedern). Man nennt diese Art „halbfesten Magnetismus".

Bedeckt man einen Magnet mit einem Pappdeckel oder einer Glasplatte und streut Eisenfeilspäne darauf, so werden die Späne durch Induktion magnetisch, stellen sich, besonders wenn man die Scheibe etwas klopft, als kleine Magnete in die Richtung der an Ort und Stelle herrschenden Kraft ein und bilden die sogenannten magnetischen Kraftlinien. In Abb. 29 sind diese zur Anschauung

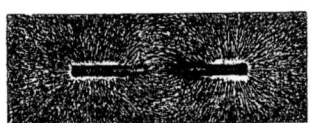

Abb. 29. Die magnetischen Kraftlinien streichen von Pol zu Pol. Genau quer ab von der Mitte des Magnets laufen sie zu diesen parallel.

gebracht. Wir sehen, daß die Kraftlinien in größeren oder kleineren Bogen von Pol zu Pol streichen. Genau querab von der Mitte des Magnets laufen sie zu diesem parallel. Selbstverständlich erstrecken sie sich in gleicher Weise nach allen Richtungen durch den Raum.

Induktion durch die erdmagnetische Kraft.

Halten wir eine dünne, vorher unmagnetische Stange senkrecht und nähern ihr unteres Ende einer Kompaßnadel, so wird deren Nordpol abgestoßen, ihr Südpol angezogen. Am oberen Ende der senkrecht gehaltenen Stange verhält sich die Kompaßnadel umgekehrt. Wir erkennen daran, daß das untere Ende der Stange nordmagnetisch, das obere südmagnetisch geworden ist. Der in der Stange befindliche Magnetismus wird noch verstärkt, wenn man sie einige Male mit einem Hammer kräftig anschlägt. Ein Teil dieses Magnetismus bleibt in der Stange dauernd erhalten und verschwindet erst wieder, wenn man die Stange mit dem entgegengesetzten Ende nach unten durch gleichstarke Hammerschläge erschüttert.

Halten wir die vorher unmagnetisch gemachte Stange horizontal in der Richtung Nord—Süd, so wird das nach Norden weisende Ende der Stange einen Nordpol zeigen, den Nordpol der Kompaßnadel abstoßen, während das nach Süden zeigende Ende südmagnetisch sich erweist, da es den Nordpol der Nadel anzieht. Auch in dieser Lage kann ein Teil des Magnetismus durch Erschütterungen festen Charakter annehmen.

Diese Versuche sind so einfach und ihre Wirkung so überraschend, daß es jedem Leser, der im Besitze einer Magnetnadel ist, nur dringend empfohlen werden kann, diese Versuche selbst anzustellen.

In beiden Fällen haben wir gefunden, daß in dem nach unten bzw. nach Norden gerichteten Ende der Stange ein Nordpol, in dem nach oben bzw. nach Süden gerichteten Ende ein Südpol sich zeigte. Durch den magnetischen Nordpol der Erde, der südmagnetisch ist, wurden diese Nordpole bzw. Südpole in der Stange induziert.

Um dem Widerspruch aus dem Wege zu gehen, daß am Nordpol der Erde Südmagnetismus sich befindet, pflegt man auch Nordmagnetismus mit roter, Südmagnetismus mit blauer Farbe zu bezeichnen. Am Nordpol der Erde befindet sich also blauer Magnetismus.

Schiffsmagnetismus.

In derselben Weise wie die eiserne Stange wird nun auch ein eisernes Fahrzeug während seiner Erbauung, wobei es längere Zeit seine Lage beibehält und wegen der Nietarbeit usw. großen Erschütterungen ausgesetzt ist, unter der Einwirkung der erdmagnetischen Kraft zu einem dauernden Magnet. Die unteren Teile werden nord- oder rot-, die oberen süd- oder blaumagnetisch. Ferner wird immer der Teil des Fahrzeugs nordmagnetisch, der während des Baues nach Norden lag. Es entsteht also:

auf Baukurs N vorn ein Nordpol, hinten ein Südpol,
„ „ S „ „ Südpol, „ „ Nordpol,
„ „ W anSt.B.,„ Nordpol, an B.B. „ Südpol,
„ „ Ost „ „ „ Südpol, „ „ „ Nordpol
von festem Schiffsmagnetismus.

Fiel die Richtung des Baukurses nicht gerade auf einen dieser Hauptstriche, so haben wir uns die Lage der Pole sinnentsprechend verschoben zu denken.

War z. B. der Baukurs NO, so würde an der B. B.-Seite vorn der Nordpol, an St. B.-Seite hinten der Südpol des festen Schiffsmagnetismus anzunehmen sein.

Obige Betrachtungen, die sich auf ein eisernes Fahrzeug beziehen, finden sinngemäße Anwendung auch auf alle hölzernen Jachten, in denen durch Einbauen eines eisernen Kiels, eiserner Bodenwrangen und dgl. oder eines Motors magnetische Pole sich bilden können. Wir haben immer damit zu rechnen, daß eine größere oder kleinere Anzahl Pole von festem Schiffsmagnetismus vorhanden sind. Wie viele ihrer aber auch sein und wo sie auch liegen mögen, ein jeder Pol liefert am Kompaßorte eine bestimmte magnetische Kraft. Nach dem Gesetz vom Parallelogramm der Kräfte kann man sich diese Kraft zerlegt denken in eine senkrecht zum Deck stehende und eine dem Deck parallele Kraft. Diese letztere kann wieder zerlegt werden in eine Längsschiffskraft und eine Querschiffskraft. Nun können wir uns sämtliche Längsschiffskräfte, Querschiffskräfte und vertikal zum Deck gerichteten Kräfte addiert denken und erhalten eine Gesamt-Längsschiffskraft, Gesamt-Querschiffskraft und Gesamt-Vertikalkraft. Unter einer solchen Längsschiffskraft haben wir uns eine magnetische Kraft vorzustellen, die von einem Pole herkommt, der in der Mittschiffslinie vor oder hinter dem Kompaß und in derselben horizontalen Ebene liegt wie die Kompaßnadel. Eine Querschiffskraft würde von einem Pole herrühren, der an B. B. oder St. B. in derselben horizontalen Ebene wie die Kompaßnadel und querab von der Mitte der Rose sich befindet, während eine Vertikalkraft von einem Pol genau senkrecht unter der Mitte der Rose erzeugt wird, immer unter der Voraussetzung, daß das Fahrzeug auf ebenem Kiel liegt, also keine Schlagseite hat.

Durch diese drei Kräfte können wir uns die Abhängigkeit der Deviation von Kurs und Krängung erklären.

Zuerst wollen wir annehmen, die Jacht hätte keine Krängung. Da die Vertikalkraft von einem Pole herrührt, der sich genau senkrecht unter der Mitte der Rose befindet, so greift sie an der Kompaßrose in der Richtung der Pinne, also im Unterstützungspunkt der Rose an, mithin kann sie die Kompaßnadel aus dem magnetischen Meridian nicht ablenken. Wir können diese Kraft daher vorerst unberücksichtigt lassen.

Die Wirkung der Längsschiffskraft.

Angenommen, eine eiserne Jacht sei auf Nordkurs gebaut, mithin befindet sich vorn ein Nordpol und hinten ein Südpol. Die Wirkung, welche die von diesem Südpol herrührende Längsschiffskraft beim Herumschwoien des Fahrzeuges auf die Kompaßnadel ausübt, haben wir bei Abb. 6 und dem dazu gehörenden Text schon eingehend besprochen. Wir fanden dort, daß eine Längsschiffskraft auf Nord- und Südkurs keine, auf Ost- und Westkurs hingegen die größte Ablenkung erzeugt, daß die Ablenkung im östlichen Halbkreise (Kurse von Nord über Ost bis Süd) ebenso groß ist wie im westlichen, aber entgegengesetztes Vorzeichen hat.

Die Wirkung der Querschiffskraft.

Angenommen, eine Jacht sei auf dem Kurse Ost gebaut; dann hat sich an St. B.-Seite ein Südpol und an der B. B.-Seite ein Nordpol von festem Schiffsmagnetismus gebildet. Die von diesen Polen herrührende Querschiffskraft wirkt so, als wenn sich querab von der Mitte der Rose an St. B. ein Südpol, an B. B. ein Nordpol befände.

Um die Wirkung dieses Nordpols auf die Kompaßnadel zu untersuchen, schwoien wir das Fahrzeug im Kreise herum und berücksichtigen dabei, daß die Länge der Kompaßnadel, um die Erscheinungen augenfällig zu machen, bedeutend vergrößert ist und daß der an St. B.-Seite befindliche Südpol die Wirkung des an B. B.-Seite liegenden Nordpols unterstützt (s. Abb. 30).

Auf Nordkurs greift die von diesem Nordpol ausgeübte abstoßende Kraft rechtwinklig zur Nadel an, äußert demzufolge ihr größtes Drehmoment und stößt das Nordende der Kompaßnadel stark nach Osten; wir haben mithin auf Nordkurs die größte östliche Ablenkung. Schwoien wir das Fahrzeug rechts herum, so sehen wir, daß der Winkel, unter dem die abstoßende Kraft des Nordpols, die am Nordende der Nadel angreift, immer stumpfer, also das Drehmoment immer kleiner, mithin auch die östliche Ablenkung immer kleiner wird, bis sie auf Ostkurs überhaupt nicht mehr auftreten kann, da die vom Nordpol ausgeübte Kraft genau in der Richtung der Nadel wirkt. Im südöstlichen Quadranten kommt der Nordpol östlich von der Nadel zu liegen, stößt demzufolge den Nordpol der Nadel nach Westen, es tritt eine westliche Ablenkung auf, die zuerst wegen des ungünstigen Angriffswinkels klein, bei weiterem Herumschwoien aber immer größer wird, bis sie auf Südkurs wieder ihren größten Wert erreicht, da hier die Kraft rechtwinklig angreift. Im südwestlichen Quadranten nimmt die Ablenkung wegen des immer ungünstiger werdenden Angriffswinkels allmählich wieder ab, wird auf Westkurs ganz verschwinden, und im nordwestlichen Quadranten östlich und allmählich zunehmend werden.

Hätten wir den Baukurs West angenommen, also die St. B.-Seite nach Norden gekehrt, so wäre der Nordpol an die St. B.-Seite

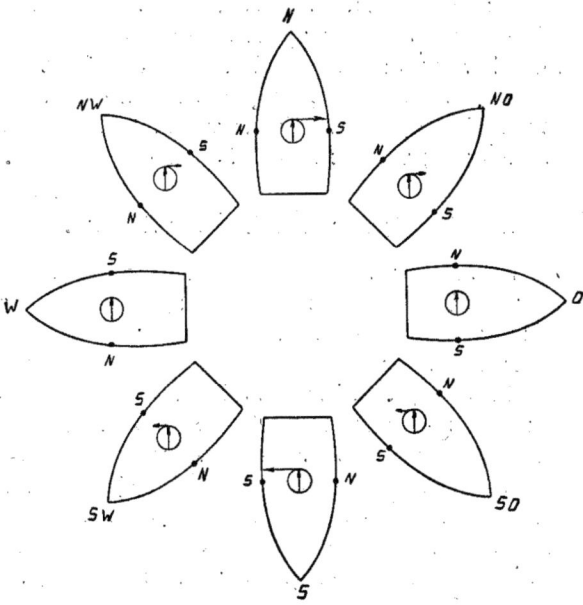

Abb. 30. Wirkung einer Querschiffskraft. Der an B. B.-Seite befindliche Nordpol des festen Schiffsmagnetismus lenkt das Nordende der Kompaßnadel in der Richtung des horizontalen Pfeiles ab. Seine ablenkende Wirkung wird durch den an St.B.-Seite liegenden Südpol unterstützt.

gekommen. Wir hätten dann überall die sonst gleichen Verhältnisse vorgefunden, nur daß die Ablenkungen im nördlichen Halbkreise westlich, im südlichen hingegen östlich sein müssen.

Wir sehen daraus, daß eine Querschiffskraft auf Ost- und Westkurs keine Ablenkung, auf Nord- und Südkurs hingegen die größte Ablenkung erzeugt, daß die Ablenkung im nördlichen Halbkreise ebenso groß ist wie im südlichen, aber entgegengesetztes Vorzeichen hat.

8 Der Wandersegler auf See.

Fassen wir nun die Betrachtungen beider Fälle zusammen so ergibt sich:

Ein Baukurs Nord—Süd zeitigt eine Längsschiffskraft des festen Schiffsmagnetismus, die eine Ablenkung erzeugt, welche auf Ost- und Westkurs den größten Wert erreicht, allmählich abnimmt und auf Nord- und Südkurs nicht vorhanden ist.

Ein Baukurs Ost—West zeitigt eine Querschiffskraft des festen Schiffsmagnetismus. Dieselbe erzeugt eine Ablenkung, welche auf Nord- und Südkurs ihren größten Wert erreicht, allmählich abnimmt und auf Ost- und Westkurs nicht vorhanden ist.

Wenn der Baukurs nicht gerade Nord—Süd bzw. Ost—West, sondern irgendein anderer war, werden sowohl eine Längsschiffskraft wie auch eine Querschiffskraft vorhanden sein, also beide Arten von Ablenkung vereint in die Erscheinung treten.

Die Wirkung der Vertikalkraft.

Wenn das Fahrzeug auf ebenem Kiel liegt, also keine Schlagseite hat, so kann die senkrecht zum Deck gerichtete Vertikalkraft keine Ablenkung erzeugen, da ihre Wirkung sich so äußert, als wenn die Kraft herkäme von einem Pol, der genau senkrecht unter der Mitte der Rose liegt. Hat das Fahrzeug aber Schlagseite, so kommt der unter dem Kompaß liegende Pol des Schiffsmagnetismus an die Luvseite querab vom Kompaß. Dadurch entsteht eine neue Querschiffskraft, deren Größe sich mit der Größe der Schlagseite ändert (siehe Abb. 33), weil bei zunehmender Schlagseite der Pol immer mehr in die Horizontalebene der Rose verlegt wird. Da das Fahrzeug während des Baues unten nord-, oben südmagnetisch wurde, so wird diese immer von der Luvseite herkommende neue Querschiffskraft in der Regel südmagnetisch sein.

Man nennt die Ablenkung, welche durch eine bei Krängung des Fahrzeuges neu auftretende Querschiffskraft hervorgerufen wird, den Krängungsfehler.

Wir haben oben gesehen, daß eine Querschiffskraft auf Ost- und Westkurs keine Ablenkung, auf Nord- und Südkurs die größte Ablenkung erzeugt. Daraus folgt, daß der Krängungsfehler auf Nord- und Südkurs seinen größten Wert erreicht und um so größer ist, je mehr Schlagseite das Fahrzeug hat. Er kann wegen der oft starken Krängung der Jachten außerordentlich große Werte annehmen. So fand Verfasser bei einer stark überliegenden stählernen Jawl auf Südkurs einen Krängungsfehler von 3 ½ Strich. Auch bei hölzernen Fahrzeugen mit eisernem Kiel kann sein Einfluß bedeutend sein.

Kompensation des Kompasses.

Nachdem wir die Wirkungen der drei schiffsmagnetischen Kräfte erkannt haben, können wir uns auch mit der Aufhebung dieser Wirkungen befassen. Die Wirkungen verschwinden, wenn wir ihre Ursachen beseitigen.

Die Ablenkungen auf Ost- und Westkurs werden hervorgerufen durch die Pole der Längsschiffskraft. Wir heben sie auf, indem wir ihnen Längsschiffsmagnete mit entgegengesetzten Polen von gleicher Stärke gegenüberlegen. Die Kompensation geschieht auf m/w Ost- oder Westkurs.

Die Ablenkungen auf Nord- und Südkurs werden hervorgerufen durch die Pole der Querschiffskraft. Wir legen ihnen deshalb Querschiffsmagnete mit entgegengesetzten Polen von gleicher Stärke gegenüber. Die Kompensation geschieht auf m/w Nord- oder Südkurs.

Der Krängungsfehler wird erzeugt durch einen Pol unter dem Kompaß. Legen wir einen Magnet mit dem entgegengesetzten Pol von gleicher Stärke unter den Kompaß, so muß auch der Krängungsfehler verschwinden. Die Kompensation geschieht ebenfalls auf m/w Nord- oder Südkurs.

Geeignete stabförmige Kompensationsmagnete sind in allen Handlungen mit nautischen Instrumenten käuflich.

Hat das Fahrzeug in seinem Liegeplatz längere Zeit ein und denselben Kurs angelegen, so empfiehlt es sich, es etwa einen Tag vor der Kompensierung auf entgegengesetzten Kurs zu legen, damit der während der Liegezeit aufgenommene halbfeste Magnetismus inzwischen verschwindet und nicht mit kompensiert wird.

In dem Kapitel über Deviationsbestimmung haben wir gesehen, daß man ein Fahrzeug auf m/w Ost- oder West-, Nord- oder Südkurs legt, indem man sich in der Karte eine dem gewünschten Kurse entsprechende Deckpeilung aufsucht, sein Fahrzeug in diese Peilungslinie hineinsteuert und die beiden Objekte recht voraus in Deckung hält. Da das Verlegen der Magnete unter Umständen längere Zeit in Anspruch nehmen kann, so empfiehlt es sich, in der Deckpeilung liegend, wenig Fahrt zu laufen, besonders, wenn die Peilung nicht in der Richtung des Fahrwassers verläuft.

Ein anderes Verfahren ist das folgende. Man bringt sein Fahrzeug in der Mitte einer geschützten Bucht, eines Hafens zu Anker, doch darf kein eisernes Fahrzeug, keine eiserne Tonne in der Nähe sein, fährt mit dem Beiboot und seinem Kompaß an Land und sucht sich dort eine solche eisenfreie Stelle aus, von der man die genügend weit entfernte Jacht am Kompaß Ost, West, Nord oder Süd peilt. Diese Peilungen sind m/w Peilungen, da sie am nicht abgelenkten Kompaß gemacht werden. Zur Ausführung einer bequemen Peilung empfiehlt es sich, einen Stuhl, ein photographisches Stativ oder dgl. zur Aufstellung des Kompasses mitzunehmen. Die so gefundenen Peilungsorte werden genügend markiert, wenn sie sich nicht von selbst von der Örtlichkeit abheben (Baum, Busch, Schornstein, Hauskante oder dgl.). Hierauf bringt man den Kompaß wieder an Bord und stellt ihn am Kompaßorte auf. Schwoit man das Fahrzeug mittels des Beiboots so weit herum, bis der betreffende Peilungsort recht voraus ist und hält es so fest, so ist die für den Peilungsort gültige umgekehrte Peilung der anliegende m/w Kurs. Peilte man z. B. vom Lande aus das Fahrzeug m/w Ost, so ist der vom Fahrzeug nach dem Peilungsort hingehende Kurs m/w West.

Die einfachste Methode, sein Fahrzeug auf m/w N-, S-, O- oder W-Kurs zu legen, liefert die Plath'sche Peilscheibe, wie im Kapitel über Deviationsbestimmung eingehend erläutert worden ist.

Kompensation der Längsschiffskraft.

Wir legen unser Fahrzeug auf m/w Ost- oder Westkurs und sehen nach dem Nordstrich der Rose. Wird dieser nach hinten (dem Heck) zu abgelenkt (am Kompaß liegt dann ein Kurs an, der südlicher als Ost oder West ist), so muß ein Südpol (blau) hinter dem Kompasse die Ursache sein. Wird er nach vorne (dem Bug) zu abgelenkt (am Kompaß liegt dann ein Kurs an, der nördlicher als Ost oder West ist), so ist ein Nordpol (rot) die Ursache.

Wir nehmen nun einen Kompensationsmagnet, legen ihn längsschiffs genau horizontal, die Mitte des Magnets genau querab von der Mitte der Rose. Und zwar haben wir einen Südpol (blau) hinter dem Kompaß festgestellt, den entgegengesetzten Pol, also den Nordpol (rot) nach hinten (im anderen Falle den Südpol) und nähern den Magnet, ihn immer horizontal, seine Mitte genau querab von der Mitte der Kompaßrose in der Längsschiffsrichtung haltend, dem Kompasse, bis auch am Kompasse Ost anliegt. Da nämlich die von den Polen des längsschiffs gehaltenen Magnets ausgehenden Kraftlinien querab von des Magnets Mitte zu diesem parallel streichen (siehe Abb. 29), so wirken sie genau so, als wenn in der Mittschiffslinie hinter dem Kompaß ein Nordpol, bzw. vor dem Kompaß ein Südpol angebracht würde.

Dadurch, daß wir den Magnet dem Kompaß nähern oder entfernen, haben wir es in der Hand, seine Wirkung so stark zu machen, daß sie die von dem Südpol des festen Schiffsmagnetismus auf die Kompaßnadel ausgeübte Ablenkung aufhebt oder mit anderen Worten, daß der Nordpol des Magnets das Nordende der Kompaßnadel ebenso weit nach vorn abstößt, wie der Südpol der Längsschiffskraft des Schiffsmagnetismus das Nordende der Nadel anzog. Wir erkennen dies daran, daß auch am Kompaß statt des vorher angelegenen Kurses jetzt Ost anliegt. In der so festgestellten Lage wird der Magnet angeschraubt. (Siehe Abb. 31.)

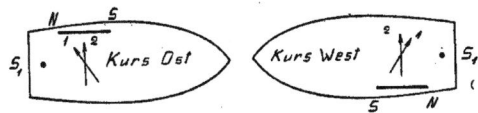

Abb. 31. Kompensation einer Längsschiffskraft auf m/w Ost- oder West-Kurs. Der Südpol der Längsschiffskraft S_1 hatte das Nordende der Nadel nach hinten gezogen (Lage 1), am Steuerstrich lagen Kurse an, die südlich von Ost oder West waren. Der Nordpol des Längsschiffsmagnets, unterstützt durch seinen Südpol hat das Nordende der Nadel wieder nach vorn zurückgestoßen (Lage 2), es liegt jetzt am Kompaß wieder Ost bzw. West an.

Da die magnetischen Kraftlinien sich nach allen Richtungen durch den Raum erstrecken und auch alle Körper durchdringen, ist es gleichgültig, ob wir den Längsschiffsmagnet an der B. B.- oder St. B.-Seite des Kompasses, Innenseite oder Außenseite des Längsschottes der Plicht, über oder unter dem Kompaß anbringen, wenn er nur horizontal und längsschiffs liegt und seine Mitte genau querab von der Mitte der Rose sich befindet. Es liegt also durchaus nichts im Wege, wenn man die Längsschiffsmagnete, um sie vor Beschädigung zu schützen, in der Plichtkoje am Schott oder unter Deck anbringt. Nur sicher befestigt müssen sie werden durch darüber geschraubte Holz- oder Messingstreifen. Es ist auch zu beachten, daß man sich mit dem Magnet der Rose nicht mehr als bis etwa auf die doppelte Länge des Magnets nähert. Sollte ein Magnet nicht wirksam genug sein, so nehme man mehrere.

Kompensation der Querschiffskraft.

Da eine Querschiffskraft auf Nord- und Südkurs die größte Ablenkung hervorruft, so legen wir unser Fahrzeug jetzt auf m/w Nord- oder Südkurs. Damit nur die Wirkung der Querschiffskraft in die Erscheinung tritt, und sich nicht auch ein Krängungsfehler eindrängt, ist streng darauf zu achten, daß die Jacht keine Schlagseite hat. Findet man, auf m/w Nord- oder Südkurs liegend, daß der Nordstrich der Rose nach St. B. abgelenkt ist, daß also am Kompaß ein Kurs anliegt, der westlich von Nord oder Süd liegt, so muß an der St. B.-Seite ein Südpol des festen Schiffsmagnetismus sein. (Wird der Nordstrich der Rose nach B. B. abgelenkt, liegt also ein Kurs an, der östlich von Nord oder Süd ist, so muß an St. B. ein Nordpol die Veranlassung dazu geben.) In ersterem Falle nehmen wir einen Kompensationsmagnet, legen ihn querschiffs vor oder hinter den Kompaß, mit dem Nordpol (rot) nach St. B. (da dort der Südpol der Querschiffskraft des festen Schiffsmagnetismus liegt), die Mitte des Magnets genau querab von der Mitte der Kompaßrose und nähern ihn in horizontaler Lage dem Kompaß so weit, bis auch am Kompaß Nord anliegt. (Siehe Abb. 32.)

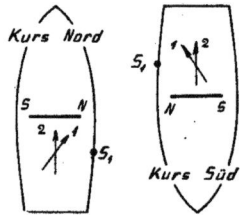

Abb. 32. Kompensation einer Querschiffskraft auf m/w Nord- oder Süd-Kurs. Der Südpol der Querschiffskraft S_1 hatte den Nordpol der Nadel nach St. B. angezogen (Lage 1), am Steuerstrich lagen Kurse an, die westlich von Nord oder Süd waren. Der Nordpol des Querschiffsmagnets, unterstützt durch seinen Südpol, hat den Nordpol der Nadel wieder zurückgestoßen (Lage 2), es liegt jetzt am Kompaß Nord bzw. Süd an.

Lag an der St. B.-Seite ein Nordpol (rot) der Querschiffskraft des festen Schiffsmagnetismus, so hätten wir diesem Nordpol selbstverständlich einen gleich starken Südpol (blau) entgegenlegen müssen, d. h. wir hätten unseren Querschiffsmagneten mit dem Südpol nach St. B. legen müssen.

Es ist gleichgültig, ob wir den Querschiffsmagnet vor oder hinter, über oder unter dem Kompaß anbringen, wenn er nur horizontal, querschiffs und seine Mitte genau querab von der Mitte des Magnets liegt. Ein guter Platz wäre das Vorschott der Plicht oder unterhalb des Fußbodens der Plicht. Ist ein Magnet nicht stark genug, so nehme man mehrere.

Indem wir durch das Verlegen der Magnete die Wirkung der Pole des festen Schiffsmagnetismus auf den Kursen kompensiert haben, auf denen diese Wirkung am größten war, haben wir dieselbe selbstverständlich gleichzeitig auf allen Kursen kompensiert, d. h. unser Kompaß hat überhaupt keine oder nur ganz geringe Restbeträge von Deviation, die, wenn sie nicht viel größer als $\frac{1}{4}$ Strich ist, für die Praxis vernachlässigt werden kann.

Kompensation des Krängungsfehlers.

Der Krängungsfehler hat seine Ursache in der bei einer Krängung des Fahrzeugs neu auftretenden Querschiffskraft. Er ist daher am größten auf Nord- oder Südkurs und ist um so größer, je mehr Schlagseite die Jacht hat.

Nachdem wir, wie oben gezeigt, auf m/w Nord- oder Südkurs den Querschiffsmagnet verlegt haben, bis auch am Kompasse Nord bzw. Süd anlag, lassen wir unser Fahrzeug auf diesem m/w Kurs liegen, halten es also genau in der betreffenden Peilung. Durch den ausgeschwungenen Großbaum, belastet mit einem Mann, geben wir der Jacht möglichst große Schlagseite nach B. B. oder St. B. Liegt auch jetzt noch am Kompaß Nord bzw. Süd an, so haben wir keinen Krängungsfehler. Wird das Nordende der Nadel nach Luvard, also der hohen Seite, gezogen, so läßt das auf einen Südpol an der Luvseite schließen. Derselbe hat seine Ursache darin, daß unter dem Kompaß ein Südpol vorhanden ist, der durch die Schlagseite an die Luvseite des Kompasses verlegt wird. Bei einer Krängung nach St. B. auf Nordkurs würde dann ein Kurs anliegen, der östlich von Nord ist, bei einer Krängung nach B. B. würde der anliegende Kurs westlich von Nord sein. Bei Südkurs wäre das umgekehrte der Fall.

Wurde das Nordende der Nadel nach Lee abgestoßen, so ist die Ursache ein Nordpol an der Luvseite, der in einem Nordpol unter dem Kompaß seine Ursache hat. Bei einer Krängung nach St. B. auf Nordkurs würde dann ein Kurs anliegen, der westlich von Nord ist, bei einer Krängung nach B. B. östlich von Nord.

Diesen unter dem Kompaß festgestellten Schiffspol heben wir auf, indem wir ihm einen entgegengesetzten Pol gegenüber legen. Wir bringen einen Magnet, den sogenannten Krängungsmagnet, unter dem Kompaß an, und zwar mit dem Nordpol (rot) nach oben, wenn an der Luvseite ein Südpol, was die Regel ist, hingegen mit dem Südpol nach oben, wenn an der Luvseite ein Nordpol festgestellt wurde. (Siehe Abb. 33.)

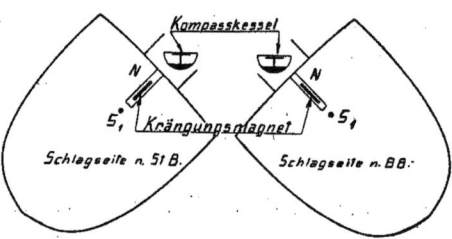

Abb. 33. Kompensation des Krängungsfehlers auf m/w Nord- oder Süd-Kurs. Durch die Schlagseite kommt der unter dem Kompaß liegende Südpol des Schiffsmagnetismus S_1 an die Luvseite des Kompasses. Er hatte das Nordende der Kompaßnadel nach Luv gezogen. Durch den Nordpol des Krängungsmagnets wird das Nordende der Nadel um ebensoviel nach Lee zurückgestoßen, sodaß am Kompaß wieder Nord bzw. Süd anliegt.

Diesen Krängungsmagnet nähern wir dem Kompaß so weit, bis die Wirkung des nach oben zeigenden Pols die Wirkung des Schiffspoles unter dem Kompaß aufhebt, d. h. bis auch am Kompaß wieder Nord bzw. Süd anliegt. Auch mit dem Krängungsmagnet nähere man sich der Rose nicht mehr, als etwa bis zur doppelten Länge des Magnets, sondern nehme im Bedarfsfalle mehrere Magnete, selbstverständlich alle mit demselben Pol nach oben.

Wenn bei einer Änderung der Krängung der Südpol des festen Schiffsmagnetismus mehr oder weniger nach der Luvseite auswandert, so macht der Nordpol des Krängungsmagnets das gleiche, d. h. wir haben den Krängungsfehler für alle Schlagseiten kompensiert.

Bei der Anbringung des Krängungsmagnets ist wohl zu beachten, daß er senkrecht zum Deck und genau senkrecht unter der Mitte der Rose befestigt werden muß, was unter Umständen seine Schwierigkeiten hat. Befindet sich der Kompaß auf dem Fußboden der Plicht, so muß der Krängungsmagnet unter der Plicht, also in dem darunter befindlichen Raum, Segelkoje, Motorraum oder dgl. angebracht werden. Befindet sich nicht gerade direkt unter dem Kompaß ein hölzernes Querschott, an dem der Magnet befestigt werden kann, so muß man einen besonderen hölzernen Träger für ihn anfertigen, der genau unter der Mitte der Rose an Deck angeschraubt ist. Auf den heimatlichen Gewässern, wo man einen Kompaß überhaupt nicht braucht, ist aber dieser in den Raum hineinragende Träger außerordentlich störend, deshalb sei z. B. folgende Einrichtung empfohlen, die schon einige Zeit vor der

Inangriffnahme der Kompensation hergerichtet und befestigt wird.

Man verschaffe sich eine hölzerne Leiste, etwa 50 cm lang, 3—4 cm breit und 2 cm dick. Genau an dem einen Ende derselben schraubt man an der breiten Seite das eine Blatt eines 3—4 cm breiten Messingscharniers an. Das andere Blatt dieses Scharniers wird so unter dem Fußboden der Plicht angeschraubt, daß sich die andere Seite der Leiste genau unter der Mitte der Rose befindet. Durch einen an dieser Seite der Leiste angebrachten Haken mit entsprechender Öse unter dem Fußboden oder einen zu gleichem Zwecke geschorenen Bändsel können wir die Leiste senkrecht zum Fußboden einstellen. Ein an dieser Seite der Leiste angeschraubter rechtwinkliger Holzknaggen verhindert, daß die Leiste durch den Haken bzw. Bändsel zu viel angeholt wird. An dieser Leiste befestigen wir den Krängungsmagnet und sägen dann das nach unten zu überstehende Ende ab. Wird auf einem Revier, im Hafen oder in den heimatlichen Gewässern der Kompaß und damit auch der Krängungsmagnet nicht gebraucht, so lösen wir den Haken bzw. Bändsel, klappen die Leiste unter den Fußboden der Plicht und sichern sie dort durch einen angebrachten Wirbel oder dergleichen (s. Abb. 34).

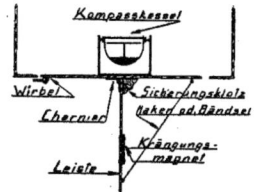

Abb. 34. Die als Träger des Krängungsmagnets dienende Leiste kann unter Deck geklappt und dort durch den Wirbel gehalten werden, wenn man den Kompaß nicht benützt.

Ist der Kompaß auf einem Brett angebracht, das wegnehmbar quer über die Plicht geht, so können wir die gleiche Einrichtung auch unter diesem Brett anbringen.

Eine sorgfältige Kompensierung des Krängungsfehlers ist dem Segler dringend zu empfehlen. Läßt sich wegen der baulichen Einrichtung ein Krängungsmagnet überhaupt nicht anbringen, so bleibt als einziger Ausweg, daß man den Kompaß möglichst hoch aufstellt, wodurch ein Anbringen des Magnets vielleicht doch noch ermöglicht, auf jeden Fall aber die Wirkung des Krängungsfehlers bedeutend vermindert wird.

Die magnetischen Pole des gewöhnlich unter dem Kompaß befindlichen Hilfsmotors machen sich auf ebenem Kiel liegend in der Regel nur wenig bemerkbar. Hat das Fahrzeug aber Schlagseite, so erzeugen sie eine Querschiffskraft, deren Größe mit der Zunahme der Schlagseite sehr schnell wächst, was auf nördlichen und südlichen Kursen eine große Ablenkung zur Folge hat.

Ein unter dem Kompaß liegender Südpol (was die Regel ist) erzeugt, wenn er nicht kompensiert ist, auf nördlichen Kursen eine Ablenkung nach Luv, auf südlichen Kursen eine Ablenkung nach Lee, wovon man sich durch eine Skizze leicht überzeugen kann.

Berufsmäßige Kompaß-Adjustierer pflegen die Kompensation des Krängungsfehlers oft zu vernachlässigen, da ihnen die Anbringung des Krängungsmagnets Schwierigkeiten macht.

Abriss aus der Seestrassenordnung.

Die Kenntnis der für alle seefahrenden Nationen gültigen Seestraßenordnung ist für den Segler und Motorbootsfahrer, gleichviel, ob er Seereisen macht oder nur auf von Seeschiffen befahrenen Gewässern verkehrt, von größter Bedeutung. Er erfährt aus ihr, welche Lichter er nachts zu führen hat, welche Bedeutung von anderen Schiffen gezeigte Lichter und Signale haben, wie er sich anderen Schiffen gegenüber verhalten muß, und welche Ausweichmanöver dieselben voraussichtlich ausführen werden.

Im folgenden geben wir aus der Seestraßenordnung das den Jachtsegler und Motorbootsführer Interessierende kurz zusammengefaßt mit einigen Erläuterungen wieder:

I. Einleitung.

Die in der Seestraßenordnung erlassenen Vorschriften gelten für alle mit der See in Verbindung stehenden, von Seeschiffen befahrenen Gewässer.

Unter Dampffahrzeugen sind alle durch Maschinenkraft fortbewegten Fahrzeuge zu verstehen, gleichgültig, ob sie zugleich Segel fahren oder nicht.

Mithin gelten auch Segelfahrzeuge, die ihren Motor mitlaufen lassen, als Dampffahrzeuge und haben sich wie solche zu verhalten.

Ein Fahrzeug ist in Fahrt, wenn es weder vor Anker liegt noch am Lande befestigt ist, noch am Grunde festsitzt.

Der Begriff „in Fahrt sein" und „Fahrt machen" ist nicht zu verwechseln. Ein in Windstille treibendes Segelschiff, ein mit gestoppter Maschine treibender Dampfer sind in Fahrt.

II. Lichter und Signale.

Artikel 2.

Ein Dampfer in Fahrt muß führen:
1. Eine weiße Topplaterne vorne im Schiff in 6—12 m Höhe. Dieselbe muß von recht voraus bis 10 Strich nach jeder Seite auf mindestens 5 sm weit sichtbar sein.
2. An der St. B.-Seite eine grüne Seitenlaterne.
3. An der B. B.-Seite eine rote Seitenlaterne.

Diese müssen von recht voraus bis 10 Strich nach der betreffenden Seite auf mindestens 2 sm weit sichtbar und an der Innenseite mit Schirmen versehen sein, damit die Lichter nicht über den Bug hinwegscheinen.

Ein Dampfer in Fahrt darf führen:
4. Eine zweite Topplaterne in Kiellinie hinter der ersten und höher als diese.
5. Ein weißes Hecklicht, das den von den Seitenlichtern nicht beleuchteten Bogen des Horizonts bescheint und mindestens 1 sm weit sichtbar ist (Artikel 10).

Artikel 3.

Ein schleppender Dampfer führt außer den Seitenlaternen zwei, unter Umständen drei Topplaternen senkrecht untereinander.

Ein schleppendes Segelfahrzeug führt nur die Seitenlichter.

Artikel 4.

Ein durch einen Unfall manövrierunfähig gewordenes Fahrzeug (gleichgültig ob Dampfer oder Segler) führt nur in 6—12 m Höhe senkrecht übereinander zwei über den ganzen Horizont mindestens 2 sm weit sichtbare rote Lichter. Wenn es Fahrt durchs Wasser macht, muß es auch die Seitenlaternen führen.

Bei Tage führt ein solches Fahrzeug zwei schwarze Bälle an gleicher Stelle wie die Lichter.

Solchen Fahrzeugen muß jedes andere Fahrzeug aus dem Wege gehen.

Artikel 5.

Ein Segelfahrzeug und jedes geschleppte Fahrzeug darf nur die Seitenlichter führen, außerdem dürfen sie auch eine Hecklaterne führen.

Artikel 6.

Kleine Fahrzeuge brauchen bei schlechtem Wetter, wenn ein anderes Fahrzeug in der Nähe ist, die Seitenlichter nur zu zeigen.

Artikel 7.

Dampffahrzeuge unter 113 cbm und Ruder- oder Segelfahrzeuge unter 57 cbm Brutto-Raumgehalt brauchen die oben angegebenen Lichter nicht zu führen, sie müssen dann aber folgende Lichter führen:

1. **Dampffahrzeuge:** 1 Topplaterne, mindestens 2 sm sichtbar und mindestens 3 m über Deck an oder vor dem Schornstein; ferner Seitenlichter von mindestens 1 sm Sichtbarkeit, oder an deren Stelle eine doppelfarbige Laterne, welche an den betreffenden Seiten ein grünes bzw. ein rotes Licht zeigt, von recht voraus 10 Strich nach jeder Seite. Diese Laterne muß mindestens 1 m unter dem Topplicht gefahren werden.

2. Kleine Dampfboote dürfen das Topplicht auch niedriger als 3 m, aber immer über der doppelfarbigen Laterne führen.

3. Ruder- und Segelfahrzeuge von weniger als 57 cbm Brutto-Raumgehalt müssen eine doppelfarbige Laterne zeitig genug zeigen, um einen Zusammenstoß zu verhüten.

<small>Werden, wie auf Jachten üblich, die Seitenlaternen im Want gefahren, so scheint, bei starker Schlagseite, die Leelaterne ins Wasser, die Luvlaterne in den Himmel. Deshalb sind dann beide Laternen schon in verhältnismäßig geringer Entfernung nicht mehr sichtbar. Der Segler tut deshalb gut, in solchem Falle einem anderen Fahrzeuge seine betreffende Laterne in der Hand gehalten zu zeigen.</small>

4. Ruderboote, wenn sie rudern oder segeln, müssen ein weißes Licht zeitig genug zeigen, um einen Zusammenstoß zu verhindern.

Artikel 9.

Segelnde Fischerfahrzeuge müssen, wenn sie fischen, ein bzw. zwei über den ganzen Horizont sichtbare weiße Lichter führen. Bei Tage heißen sie einen Korb an gut sichtbarer Stelle.

Solchen Fischerfahrzeugen müssen alle anderen Fahrzeuge aus dem Wege gehen.

Artikel 10.

Ein Fahrzeug, das von einem anderen überholt wird (siehe Art. 24), muß, wenn es keine Hecklaterne führt, diesem vom Heck aus ein weißes Licht oder ein Flackerfeuer („Terpentin-Fackel") rechtzeitig zeigen.

<small>Das Hecklicht darf also nicht erst gezeigt werden, wenn Kollisionsgefahr vorliegt.</small>

Artikel 11.

Ein Fahrzeug zu Anker, welches kürzer als 45 m ist, muß ein weißes Licht führen, welches über den ganzen Horizont und mindestens 1 sm weit sichtbar ist, nicht höher als 6 m über dem Rumpfe, und zwar vorne im Schiff, wo es am besten zu sehen ist.

Ist das Fahrzeug 45 m oder länger, so führt es 2 Ankerlaternen, eine höhere vorne, eine niedrigere hinten.

Die Ankerlaterne ist der einzige Schutz des zu Anker liegenden Fahrzeugs, deshalb sollte man für ihr gutes Brennen besonders große Sorgfalt anwenden.

III. Schallsignale bei Nebel.

Artikel 15.

Schallsignale von in Fahrt befindlichen Fahrzeugen müssen gegeben werden:

1. von Dampffahrzeugen mit der Dampfpfeife oder Sirene,
2. von Segelfahrzeugen oder geschleppten Fahrzeugen mit dem Nebelhorn.

Ein langgezogener Ton ist ein Ton von 4—6 Sekunden Dauer.

Bei Nebel, dickem Wetter, Schneefall oder heftigen Regengüssen, bei Tage wie bei Nacht sind folgende Schallsignale zu geben:

a) Ein Dampfer in Fahrt, welcher Fahrt durch das Wasser macht, mindestens alle 2 Minuten einen langgezogenen Ton.

b) Hat er seine Maschine gestoppt und macht keine Fahrt durch das Wasser, mindestens alle zwei Minuten zwei langgezogene Töne mit einem Zwischenraum von einer Sekunde.

c) Ein Segelfahrzeug in Fahrt muß mindestens jede Minute, wenn es mit Steuerbord-Halsen segelt, einen Ton, mit Backbord-Halsen zwei Töne, und wenn es mit dem Winde achterlicher als dwars segelt, drei aufeinanderfolgende Töne geben.

Ein Segelschiff segelt mit B. B.-Halsen, wenn der Wind von B. B. einkommt. Der Segler nennt es St. B.-Schoten.

d) Ein Fahrzeug zu Anker muß mindestens jede Minute ungefähr fünf Sekunden die Glocke rasch läuten..

e) Ein schleppendes Fahrzeug, ein Kabeldampfer und ein manövrierunfähiges Fahrzeug müssen mindestens alle zwei Minuten drei Töne geben, zuerst einen langen und dann zwei kurze. Ein geschlepptes Fahrzeug darf nur dieses Signal („mit dem Nebelhorn") geben.

f) Segelfahrzeuge und Boote von weniger als 57 cbm Brutto-Raumgehalt brauchen die vorerwähnten Signale nicht zu geben, sie müssen dann aber mindestens jede Minute irgendein anderes kräftiges Schallsignal geben.

IV. Mäßigung der Geschwindigkeit.

Artikel 16.

Jedes Fahrzeug muß bei Nebel, dickem Wetter, Schneefall oder heftigen Regengüssen unter Berücksichtigung der obwaltenden Umstände und Bedingungen mit mäßiger Geschwindigkeit fahren.

■ Ein Dampffahrzeug, das anscheinend **vorlicher als querab** das Nebelsignal eines anderen Fahrzeugs hört, **dessen Lage nicht auszumachen ist,** muß, sofern die Umstände es gestatten, seine **Maschine stoppen** und dann vorsichtig weiter manövrieren, bis die Gefahr des Zusammenstoßens vorüber ist.

Es ist hier wohl zu unterscheiden zwischen mäßiger Fahrt und gemäßigter Fahrt. Ein Motorboot, das seine Fahrt von 10 km auf 8 km heruntersetzt, hat wohl seine Fahrt gemäßigt, läuft aber, wenn der Nebel dicht, bzw. einiger Verkehr auf dem Wasser vorhanden ist, nicht mit mäßiger Fahrt. Jachtsegler müssen also, wenn nötig, Segel bergen.

V. Ausweichen.

Gefahr des Zusammenstoßens.

Das Vorhandensein einer Gefahr des Zusammenstoßens kann, wenn die Umstände es gestatten, durch sorgfältige Kompaßpeilungen eines sich nähernden Schiffes erkannt werden. Ändert sich die Peilung nicht merklich, so ist anzunehmen, daß eine Gefahr des Zusammenstoßens vorliegt.

Bei Tage kann man leicht erkennen ob die Gefahr eines Zusammenstoßens vorliegt, da man in der Regel Kurs und Fahrt des anderen Fahrzeuges nach kurzer Zeit annähernd bestimmen kann.

Bei Nacht wird man, falls das andere Fahrzeug ein Dampfer mit zwei Topplaternen ist, aus der Stellung dieser beiden Lichter zueinander Schlüsse auf den Kurs desselben ziehen können. Sichtet man aber ein einziges farbiges Licht, so wird man in vielen Fällen, besonders wenn man viel Fahrt läuft, gar nicht erst die Zeit haben, durch wiederholte Peilungen festzustellen, ob die Gefahr eines Zusammenstoßens vorliegt. Man wird dann vorsichtiger nach der alten Regel verfahren „grün zu grün, rot zu rot, geht alles klar, hat keine Not". Kommt ein unklares Feuer in Sicht, d. h. sichtet man an B. B. ein grünes, oder an St. B. ein rotes Feuer, so nehme man eine Peilung von demselben, überzeuge sich, ob die eigenen Seitenlichter gut brennen und mache sich schnell klar, ob man auszuweichen hat oder nicht. Ist ersteres der Fall, so mache man sein Ausweichmanöver sofort und energisch, damit das andere Fahrzeug nicht im Zweifel bleibt, ob man die Sachlage richtig erkannt hat und nicht zu falschen Manövern verleitet wird. Muß das andere Fahrzeug ausweichen, so ermahne man den Rudermann gut Kurs zu halten, da durch das Gieren des eigenen Fahrzeuges der Wachhabende des anderen unsicher gemacht werden kann, und um so mehr, wenn ihm nachts abwechselnd die beiden Seitenlichter gezeigt werden. Liegt das Fahrzeug hart über, so zeige man dem „Gegenkommer" die betreffende Seitenlaterne in senkrechter Lage (siehe Artikel 7).

Artikel 17.

Sobald zwei Segelfahrzeuge sich so nähern, daß dadurch die Gefahr des Zusammenstoßens herbeigeführt werden kann, muß das eine dem anderen, wie nachstehend angeführt, aus dem Wege gehen:

a) Ein vor dem Winde segelndes Fahrzeug muß jedem anderen aus dem Wege gehen.

b) Ein Fahrzeug mit raumem Winde muß einem bei dem Winde segelnden Fahrzeug aus dem Wege gehen.

c) Haben beide Fahrzeuge raumen Wind von derselben Seite, so muß das luvwärts befindliche dem leewärts befindlichen aus dem Wege gehen.

d) Haben beide Fahrzeuge raumen Wind von verschiedenen Seiten, so muß dasjenige aus dem Wege gehen, welches den Wind von B. B. ein hat.

e) Segeln zwei Fahrzeuge bei dem Winde und haben den Wind von verschiedenen Seiten, so muß dasjenige aus dem Wege gehen, welches den Wind von B. B. ein hat.

Die Gesichtspunkte, nach denen vom Gesetzgeber diese Ausweichvorschriften erlassen worden sind, sind folgende:

1. Das günstiger gestellte Schiff soll dem weniger günstig gestellten Schiff aus dem Wege gehen. In den Fällen a, b und c in Abb. 35 sind die Schiffe A gegen B und C, D und E gegen F, G gegen H, I gegen K insofern günstiger gestellt, als erstere den Wind raumer ein haben.

2. Sind beide Schiffe gleich günstig gestellt, so soll dasjenige Fahrzeug ausweichen, welches den Wind von B. B. ein hat, im Fall d und e sind dies die Schiffe L und N.

Betrachten wir an der Hand von Abb. 35 die einzelnen Fälle.

a) Unter einem Vordemwinder versteht man ein Fahrzeug, welches den Wind platt von achtern oder einen Strich von der einen oder anderen Seite ein hat.

Vom Gesetzgeber ist ein solches Fahrzeug unter Berücksichtigung eines Schiffes mit Rahen als das am günstigsten gestellte angesehen worden (der Jachtsegler ist anderer Meinung in bezug auf sein Fahrzeug mit Schratsegeln). A wird, wenn er das rote Licht von B oder F sichtet, ohne Zögern sofort nach St. B. anluven, um sein rotes Licht zu zeigen, gegenüber den Schiffen C und E schifftet er den Großbaum und zeigt grün.

b) Der Raumwinder soll dem Beimwinder aus dem Wege gehen. Ein Beidemwinder ist ein Fahrzeug, dessen Rahen scharf angebraßt, oder dessen Schoten ganz dichtgeholt sind. Sind die Rahen mehr oder weniger aufgebraßt, bzw. die Schoten aufgefiert, so ist es ein Raumwinder. Letzterer kann also auch den Wind vorlicher als dwars (quer ab) haben.

Die Fahrzeuge D bzw. E werden dem Fahrzeuge F gegenüber abfallen und „klares" Licht zeigen. (Klare Lichter sind rot gegen rot, bzw. grün gegen grün.)

c) Der luvwärts befindliche geht dem in Lee befindlichen aus dem Wege, denn ersterer hat den Wind raumer ein als letzterer, daher weicht I dem K, G dem H aus. Ist I dem K schon so nahe gekommen, daß I nicht mehr hinter K herumgehen kann, so luvt I hart bzw. geht durch den Wind auf den anderen Bug, um K vorüber zu lassen.

d) Der B. B.-Raumwinder soll dem St. B.-Raumwinder aus dem Wege gehen, also L dem M. So einfach die Sachlage bei Tage ist, so schwierig ist sie in der Nacht. Sieht L zu luvard ein grünes Licht, so kann L daran nicht erkennen, ob es einem Vordemwinder (A), einem B. B.-Raumwinder (B) oder dem St. B.-Raumwinder (M) angehört. (Die Fahrzeuge A und B müssen parallel mit sich selbst mehr nach rechts unten verschoben gedacht werden, etwa wo H ist.) L muß deshalb etwas warten, um eventuell den Fahrzeugen A und B Zeit zu lassen, Ausweichmanöver zu machen. Erst wenn das Licht grün bleibt, darf L annehmen, daß es dem Fahrzeug M angehört, dann wird L anluven.

e) Der B. B.-Beidemwinder geht dem St. B.-Beidemwinder aus dem Wege, mithin wird N gegen O abfallen.

Stellen wir nun aus obigen Betrachtungen praktische Regeln für die Nacht auf, so ergibt sich folgendes:

1. Der Vordemwinder weicht sofort aus.

2. Der B. B.-Raumwinder (L) sieht zu luvard ein unklares Licht (A, B M), er wartet einige Zeit, bleibt das Licht grün, so luvt er an. Der B. B.-Raumwinder (B) sieht in Lee ein unklares Licht (D, F), er fällt sofort ab.

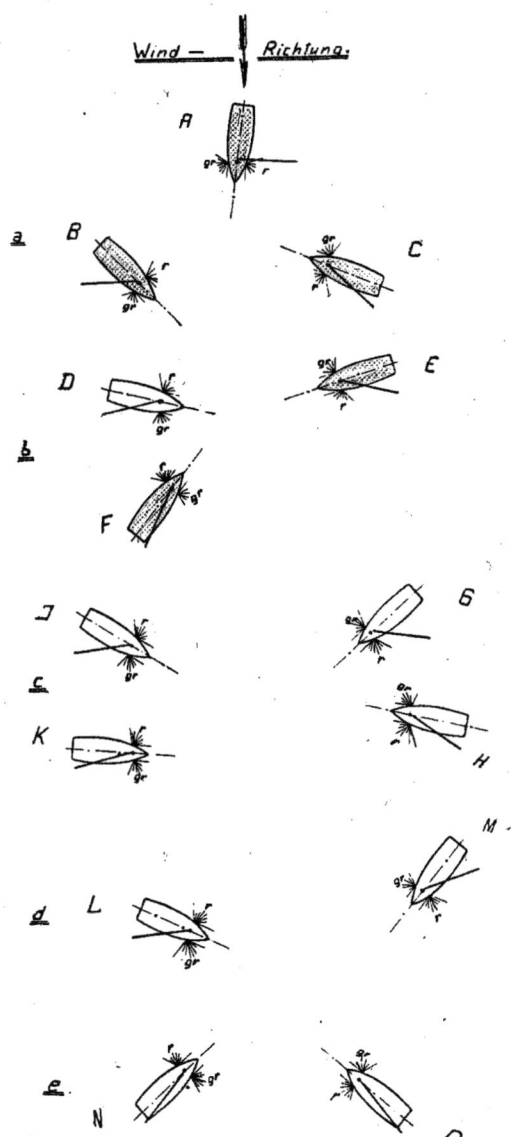

Abb. 35. Die 5 Fälle, die beim Ausweichen von Segelschiffen untereinander zu beachten sind.

3. Der St. B.-Raumwinder (H) sieht zu luvard ein unklares Licht (A, G, J) er behält Kurs und Fahrt bei, denn was von luvard her kommt, muß entweder den Wind raumer haben als er, oder ein B. B.-Raumwinder sein und ihm daher aus dem Wege gehen.

Der St. B.-Raumwinder (E) sieht in Lee ein unklares Licht (F und H, H mehr nach links verschoben), er fällt ab.

4. Der B. B.-Beidemwinder (F) sieht zu luvard ein unklares Licht (A, B), er behält Kurs und Fahrt bei, denn diese Fahrzeuge müssen den Wind raumer haben als er.

Der B. B.-Beimwinder (F) sieht in Lee ein unklares Licht (E, O, O nach oben hin verschoben), er wartet einige Zeit, um für den Fall E diesem Zeit zu lassen, um Ausweichmanöver anzustellen, bleibt das Licht aber unklar, so fällt er ab.

5. Der St. B.-Beimwinder (O) sieht zu luvard ein unklares Licht (A, E, G, H, M), er behält Kurs und Fahrt bei.

Der St. B.-Beimwinder (O) sieht in Lee ein unklares Licht (N, K, K nach unten verschoben), er behält Kurs und Fahrt bei.

Daraus ergibt sich also:
Dem Vordemwinder droht Kollisionsgefahr von beiden Seiten.
Dem B. B.-Raumwinder von Luvard und Lee.
Dem B. B.-Beidemwinder von Lee.
Dem St. B.-Raumwinder nur von Lee.
Dem St. B.-Beimwinder geht alles aus dem Wege.

Artikel 18.

Sobald zwei Dampfer in gerader oder beinahe gerader entgegengesetzter Richtung sich nähern, d. h. sich so nähern, daß man bei Tage die Masten des eigenen Fahrzeuges mit den Masten des anderen ganz oder nahezu in Linie sieht, und wenn bei Nacht jedes der Fahrzeuge beide Seitenlichter des anderen recht voraus oder nahezu voraus sieht, so muß jedes der Fahrzeuge seinen Kurs nach St. B. richten, daß sie sich an B. B. passieren.

Artikel 19.

Sobald die Kurse zweier Dampfer sich so kreuzen, daß die Gefahr eines Zusammenstoßens vorliegt, muß dasjenige aus dem Wege gehen, welches das andere an seiner St. B. Seite hat.

Die Ausweichmanöver der Dampfer regeln sich also nach dem einfachen Grundsatz: Rechts wird ausgewichen!

Artikel 20.

Ein Dampfer muß einem Segelfahrzeug aus dem Wege gehen. (Ausnahme siehe Art. 24.)

Artikel 21.

In allen Fällen, in denen eins von zwei Fahrzeugen dem anderen aus dem Wege zu gehen hat, muß letzteres Kurs und Geschwindigkeit beibehalten.

Anmerkung: Wenn jedoch infolge von dickem Wetter oder aus anderen Ursachen zwei Fahrzeuge einander so nahe gekommen sind, daß ein Zusammenstoß durch Manöver des zum Ausweichen verpflichteten Fahrzeuges allein nicht vermieden werden kann, so muß auch das andere Fahrzeug so manövrieren, wie es zur Abwendung eines Zusammenstoßens am dienlichsten ist.

Wenn daher eine Jacht unter Verzicht auf ihr Wegerecht einem Seeschiff aus dem Wege gehen will, so hat sie dies frühzeitig genug zu machen.

Artikel 22.

Jedes Fahrzeug, das einem anderen aus dem Wege zu gehen hat, muß, wenn die Umstände es gestatten, vermeiden, den Bug des anderen zu kreuzen.

In diesem Artikel ist der Inbegriff aller Ausweichmanöver enthalten, deshalb sollte er immer befolgt werden.

Artikel 23.

Jedes Dampffahrzeug, welches einem anderen aus dem Wege zu gehen hat, muß, sofern die Umstände es gestatten, bei der Annäherung, wenn nötig, seine Fahrt mindern, stoppen oder rückwärts gehen.

Artikel 24.

Ohne Rücksicht auf irgendeine dieser Vorschriften muß jedes Fahrzeug beim Überholen eines anderen dem letzteren aus dem Wege gehen. Als überholendes Fahrzeug ist ein solches anzusehen, das sich einem anderen von hinten bis zu 2 Strich achterlicher als dwars (dem dunklen Bogen) her nähert. Es bleibt so lange überholendes Fahrzeug, bis es das andere klar passiert hat. Vermag bei Tage das überholende Fahrzeug nicht sicher zu erkennen, ob es ein überholendes ist, so hat es sich als solches anzusehen.

Dem überholenden Fahrzeug muß das andere ein weißes Licht oder ein Flackerfeuer zeigen, wenn keine feste Hecklaterne gefahren wird. Sieht man nachts plötzlich ein Seitenlicht ohne vorher ein weißes Licht gesehen zu haben, so kann man auch nicht überholendes Fahrzeug sein.

Artikel 25.

In engen Fahrwassern muß jedes Dampffahrzeug, wenn dies ohne Gefahr ausführbar ist, sich an derjenigen Seite des Fahrwassers halten, welche an seiner St. B. Seite liegt.

Artikel 27.

Bei Befolgung dieser Vorschriften muß stets genügende Rücksicht auf alle Gefahren der Schiffahrt und des Zusammenstoßens und auf solche besonderen Umstände genommen werden, welche zur Abwendung unmittelbarer Gefahr ein Abweichen von diesen Vorschriften notwendig machen.

VI. Schallsignale für Fahrzeuge, die einander ansichtig sind.

Artikel 28.

Als kurzer Ton im Sinne dieser Vorschriften gilt ein Ton von ungefähr einer Sekunde Dauer.

Sind Fahrzeuge einander ansichtig, so muß ein in Fahrt befindliches Dampffahrzeug, wenn es einen diesen Vorschriften entsprechenden Kurs einschlägt, diesen Kurs durch folgende Signale mit seiner Pfeife oder Sirene anzeigen:
Ein kurzer Ton bedeutet: Ich richte meinen Kurs nach St. B.
Zwei kurze Töne bedeuten: Ich richte meinen Kurs nach B. B.
Drei kurze Töne bedeuten: Meine Maschine geht mit voller Kraft rückwärts.
Dabei kann das Schiff selbst also noch voraus gehen.

IX. Notsignale.
Artikel 31.

Fahrzeuge, welche in Not sind und Hilfe von anderen Fahrzeugen oder vom Lande verlangen, müssen folgende Signale — zusammen oder einzeln — geben.

Bei Tage:

1. Kanonenschüsse oder andere Knallsignale, welche in Zwischenräumen von ungefähr einer Minute Dauer abgefeuert werden.
2. Anhaltendes Ertönenlassen irgendeines Nebelsignalapparates.
3. Das Signal NC des internationalen Signalbuches.
4. Das Fernsignal, bestehend aus einer viereckigen Flagge, über oder unter welcher ein Ball oder ein ballähnlicher Körper aufgeheißt ist.

Bei Nacht:

1. und 2. Dieselben hörbaren Signale wie bei Tage.
3. Flammensignale, z. B. brennende Teer- oder Öltonnen oder dergleichen.
4. Raketen oder Leuchtkugeln, die einzeln in kurzen Zwischenräumen abgefeuert werden.

Anhang

m/w Deckpeilungen auf der Unterweser und Unterelbe.
Lt = Leuchtturm; Kt = Kirchturm; OF = Oberfeuer; UF = Unterfeuer.

Unterweser	m/w Peil.
Gröpelingen Kt — Gröpelinger Ubr Ft	Ost
Moorlosen Kt — Altenesch Kt	West
Warfleth Kt — Berne Kt	N7W
Lankenau OF — UF	N3W
Lemwerder OF — UF	S4¼O
Harrier Sand OF — UF	N1¾O
Großer Prater OF — UF	S½W
Nordenham OF — UF	N½O
Großen Siel OF — UF	S3½W
Flagbalgersiel OF — UF	S6W
Bremerhaven Leitfeuerlinie aufwärts	N1⅜O
Bremerhaven, Leitfeuerlinie abwärts	S2⅛O
Mitte Kaiserschleuse — Bahnhof Blexen	S2⅛W
Reedebake — Fischereihafen Lt	S1¾O
Lt Brinkhamerhof — Imsum, alter Kt	N¾W
Lt Brinkhamerhof — Imsum, neuer Kt	N⅞O
Bake I — Imsum, alter Kt	N½W
Bake I — Imsum, neuer Kt	N1¼O
Bake II — Imsum, alter Kt	N¾W
Bake II — Imsum, neuer Kt	N⅜O
Kt Wremen — Kt Misselwarden	N1⅝O
Mellum — Baken	S3⅛W
Unterelbe	
Lt Wittenbergen — Lt Tinsdahl	N5¼W
Lt Billerbeck — Lt Tinsdahl	S7⅛O
Kt Borstel — Kt Jork	S4½W
Kt Borstel — Kt Buxtehude	S⅛W
Kt Jork — Kt Buxtehude	S⅜O
Lt Lühe — Lt Grünendeich	N6½W
Lt Grünendeich — Lt Steinkirchen	S1¼W
Kt Grünendeich — Kt Steinkirchen	S½W
Kt Hollern — Kt Stade	N6⅛W
Lt Stader Sand — Lt Bassenfleth	S½O
Lt Pagensand	S3¼O
Lt Brockdorf — Lt Hollerwettern	N1W
Kt Freiburg — Kt Öderquart	S5⅝W
Kt Krummendeich — Kt Öderquart	S2⅛O
Lt Altenbruch — Lt Osterende-Groden	N7¼W
Lt Neuenfelde — Lt Osterende-Groden	S1¾O

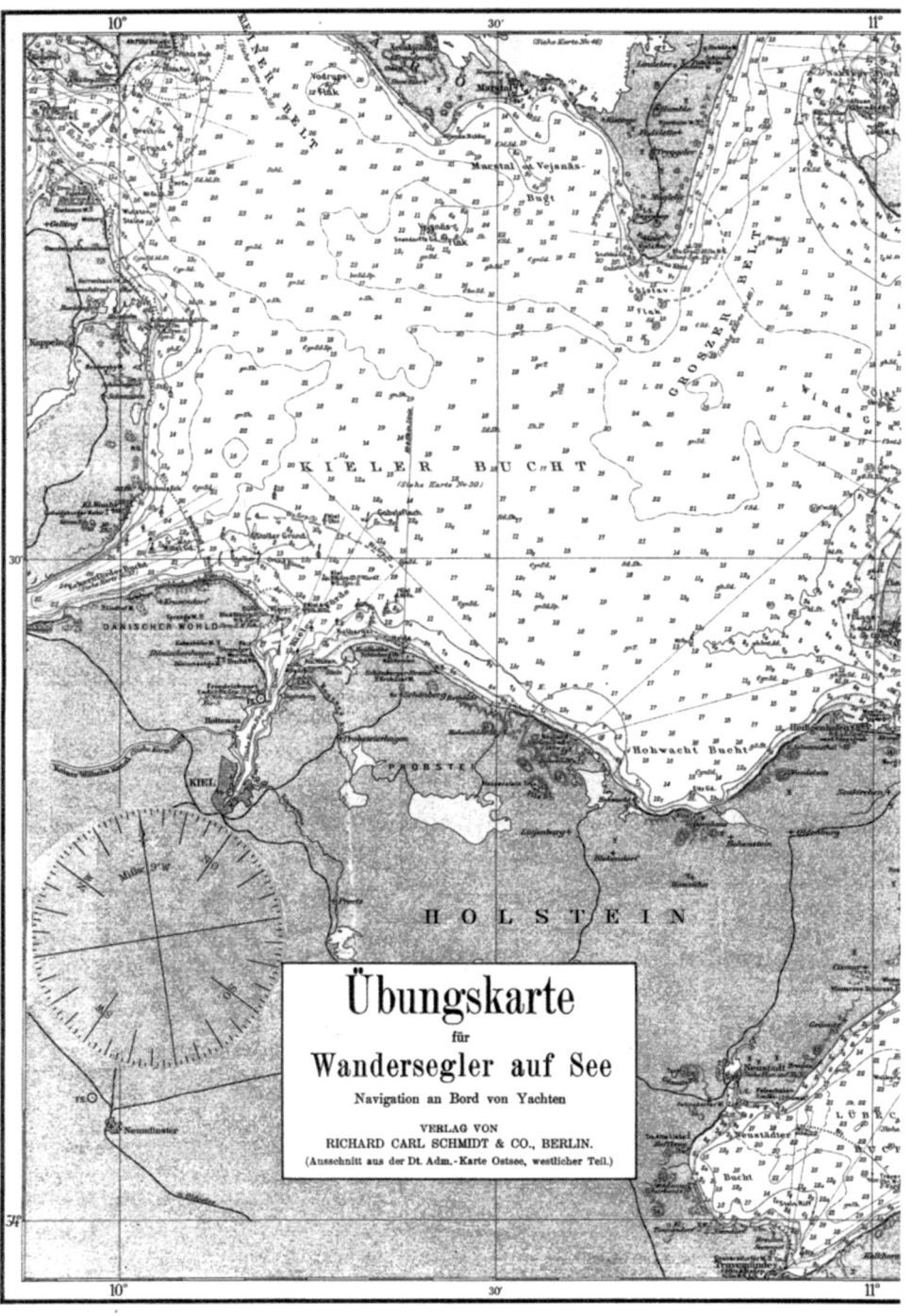

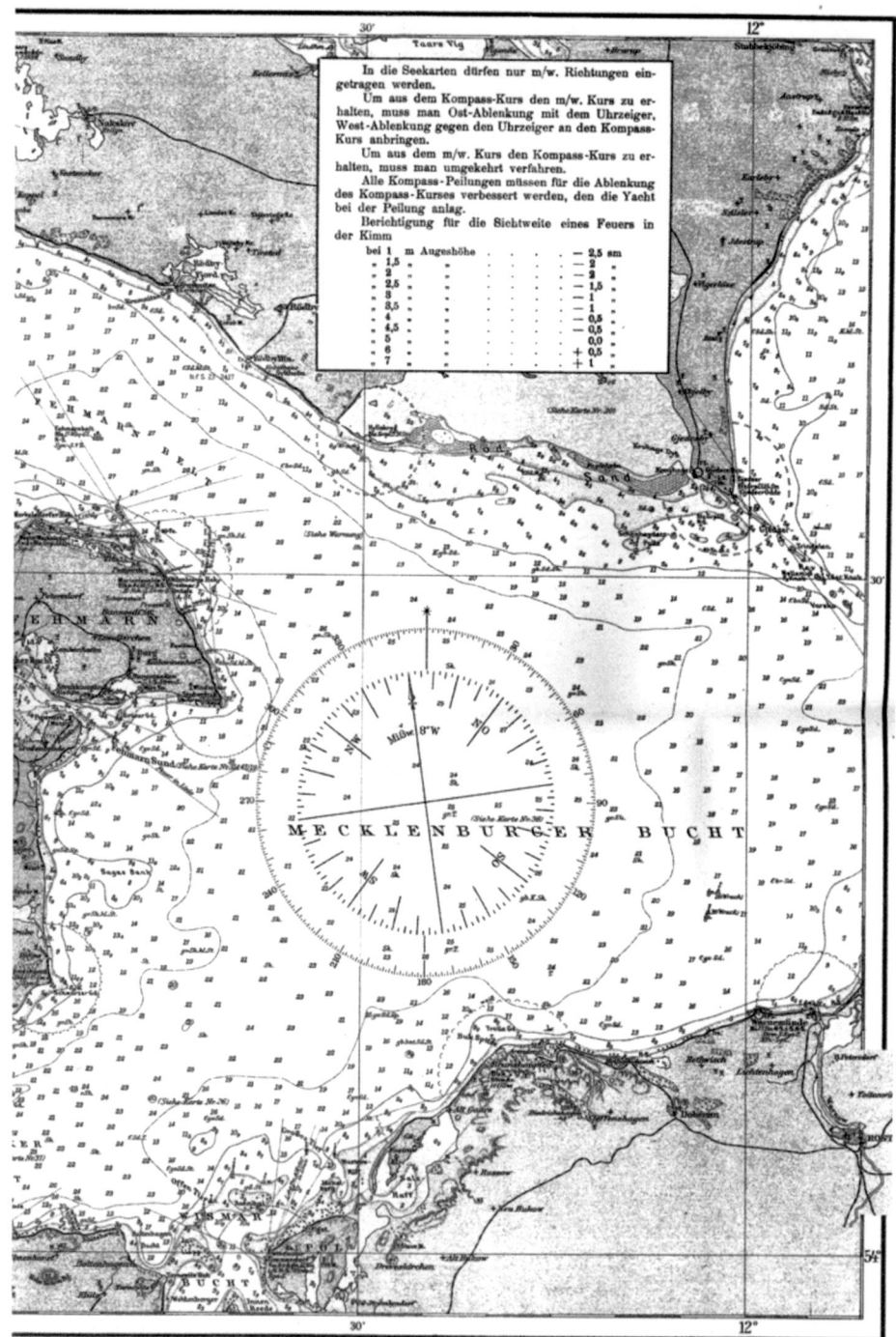

MAX SCHINDLER

liefert **Alles** für Ruder-, Motor- und Segelboote

Bootsbeschläge

Berlin SO 26
Oranienstraße 24

Fernspr.: Amt Moritzpl. 9608 u. 1130

Neuer Katalog erscheint demnächst.

— Besichtigen Sie bitte mein reichhaltiges Lager! —

E. A. SCKELL ❖ STETTIN
Fabrik nautischer Instrumente und Schiffstelegrafen

Nautische Instrumente
für Yachten

:: # Schiffstelegrafen ::
für Motoryachten

RICHARD CARL SCHMIDT & Co., VERLAGSBUCHHANDLUNG

Lützow 5147 u. 5267   **Berlin W 62**   Lutherstraße 14

Motorschiff- und Yacht-Bibliothek

Band 1: **Bootsmotoren.** Konstruktion, Einbau und Behandlung. Von Ing. Walther Isendahl. 228 Seiten mit 133 Abbildungen. 3. Auflage. In Ganzleinen. RM. 4.—

Band 2: **Das Motorboot und seine Behandlung.** Von M. H. Bauer. 6. Auflage. (Der „Autotechnischen Bibliothek" früherer Band 15), 260 Seiten mit 100 Abbildungen im Text. In Ganzl. RM. 4.—

Band 3: **U-Boote.** Von Georg Schulze-Bahlke. 210 Seiten mit 81 Abbildungen im Text. RM. 3.—

Band 4: **Rohölbootsmotoren.** Von Ingenieur H. Franz. 140 Seiten mit 67 Abbildungen. RM. 3.—

Band 5: **Vom Segelwesen.** Von Ing. Georg Ewald. 110 Seiten mit 24 Abbildungen. RM. 2.50

Band 6: **Motor-Jachten.** Ihre Einrichtung und Handhabung. Von Walther Isendahl. 2. Auflage. 180 Seiten mit 76 Abbildungen. RM. 3.—

Band 7: **Maschinenanlagen für Motorboote.** Von Bruno Müller. 320 Seiten mit 135 Abbildungen. RM. 5.—

Band 8: **Küsten- und Fischerei-Motorfahrzeuge.** Von Bruno Müller. 120 Seiten mit 43 Textabbildungen, darunter 3 großen Tafeln. RM. 4.—

Band 9: **Typentabellen von Boots- und Außenbordmotoren und Zubehörteilen.** Von Bruno Müller. 130 Seiten mit 59 Textabbildungen. RM. 4.—

Band 10: **Taschenbuch für Motorbootführer.** Von Bruno Müller. 150 Seiten mit 46 Textabbildungen. RM. 3.—

Band 11: **Kanu-Technik und Kanu-Sport.** Von A. Büttner. 380 Seiten mit 179 Abbildungen. RM. 2.—

Band 12: **Navigation für Motorbootführer.** Von Harry Meville. 2. Auflage von R. Schmidt. 120 Seiten mit Abbildungen. Karten und Tafeln. RM. 4.—

Band 13: **Wie sagt der Segler?** Von Dr. R. Lohmann. Nebst Anhang: Deutsch-dänisch-schwedisches Segler-Wörterbuch. Von Erna Lohmann-Siggel. 112 Seiten mit 1 Tafel. In Ganzl. RM. 3.—

Band 14: **Reparaturen am Bootsmotor und Beseitigung von Störungen.** Von Paul Reibestahl. 187 Seiten mit 76 Abbildungen. In Ganzleinen RM. 4.—.

Weitere Bände sind in Vorbereitung.

Richard Carl Schmidt & Co., Verlagsbuchhandlung
Lutherstraße 14 / Berlin W 62 / Tel.: Lützow 5147 und 5267

Segelsportbücherei

Band 1: **Unterricht im Segeln**
von Dr. R. LOHMANN. 4. Aufl.
101 Seiten mit 101 Abbildungen   In Ganzleinen Rm. 3.50

Band 2: **Die Segeljolle**
Ein Wegweiser und Ratgeber bei der Anschaffung von Schwertbooten
Von Dr. R. LOHMANN und R. MEWES
224 Seit. m. 250 Abb. 5., völlig neubearb. Aufl., z. Z. vergriffen. Leinen Rm. 5.—

Band 3: **Der Wandersegler auf See**
von C. RENNER, Bremen. 2. Auflage
140 Seiten mit 35 Abbildungen und 3 Karten   Gebunden Rm. 4.—

Band 4: **Bootskonstruktion — Bootsbau — Bootstypen**
120 Seiten mit 86 Abb.   von Dr. R. LOHMANN   3. Aufl. Leinen Rm. 4.—

Band 5: **Der Hilfsmotor in Segeljachten und -Booten**
148 Seiten mit 88 Abb.   von H. MEVILLE   Brosch. Rm. 3.—, geb. 4.—

Band 6: **Das Beiboot**
von Obering. C. E. HEYMANN
113 Seiten mit 84 Abb. im Text   Brosch. Rm. 2.50, geb. 3.50

Band 7: **Praktische Seemannschaft für Motorbootfahrer**
152 Seiten m. 37 Abb.   von H. MEVILLE   Geb. Rm. 4.—

Band 8: **Der Kreuzer**
Ein Buch für die Freunde des Wandersegelns
130 Seiten mit 50 Abb. u. 5 Taf.   von H. MEVILLE   In Ganzleinen Rm. 4.—

Band 9:
Handbuch für Überholungsarbeiten an Motor-, Segel- und Ruderbooten
83 Seiten mit 31 Abb.   von ERNST KUST   In Ganzlein. Rm. 3.50

Band 10: **Das Kanu**
231 Seiten mit 169 Abb.   von HUGO SCHMIDT   In Ganzl. Rm. 5.—

Band 11: **Kajak-Selbstbau**
von JOHANNES FRIEBEL
100 Seiten mit 48 Abb. und 2 Rissen. In Ganzleinen Rm. 4.—, brosch. 3.50

Band 12: **Konstruktion und Bau von Segeljollen**   Band 1
von Dipl.-Ing. MÜLLER
145 Seiten mit 87 Abb. und 12 Tafeln.   In Ganzleinen Rm. 7.—

Band 14: **Wandersegeln auf Binnengewässern**
von WILH. und KLAUS SCHEIBERT
82 Seiten mit 22 Abbildungen.   In Ganzleinen Rm. 4.—

Band 15: **„BORA"**
Fahrten und Erfahrungen eines Kreuzerseglers
von GÜNTHER WERCKMEISTER
360 Seiten mit 124 Abbildungen und 30 Hafenplänen. In Ganzleinen Rm. 18.—

Richard Carl Schmidt & Co., Verlagsbuchhandlung
Lutherstr. 14 / **Berlin W 62** / Tel.: Lützow 5147 und 5267

Die
Handels - Marine

Ein Handbuch des Wissenswerten aus
Seewesen und Schiffahrt

von

H. MEVILLE

Dritte, vollständig neubearbeitete Auflage, 300 Seiten mit
4 Vierfarbendrucken, 3 Tafeln und 109 Abbildungen im Text
In Ganzleinen Rm. 9.—

Inhaltsverzeichnis

Vorwort zur 3. Auflage. Einleitung. I. Schiffbau und Ausrüstung. II. Die Typen der modernen Handelsschiffe. III. Das Segelschiff mit Hilfsmaschine. IV. Die Schiffsführung. V. Leuchtfeuer und See-zeichen. VI. Das See-Straßenrecht. VII. Das Signalwesen. VIII. Der Dienst an Bord. IX. Die Ziele des Berufes. X. Maschinisten, Funker, Ärzte. XI. Gagen und Heuern. XII. Die Klassifikations-Gesellschaften. XIII. Das See-Rettungswesen. XIV. Das Flettner-Schiff. XV. Anhang: A. Auszug aus der Seemannsordnung. B. Die Deutsche See-mannsschule. C. Tabellarium. D. Die großen deutschen Reedereien. XVI. Das Leben an Bord

Richard Carl Schmidt & Co., Verlagsbuchhandlung
Lutherstr. 14 / Berlin W 62 / Tel.: Lützow 5147 und 5267

Kürzlich erschien:

Kajak-Selbstbau

von

Johannes Friebel

100 Seiten mit 48 Abbildungen und 2 Rissen von Eugen Volk.
In künstlerischem Leinenband Rm. 4.—; broschiert Rm. 3.50

INHALT

I. Einführung: Kanuarten. Klasseneinteilung. Wer eignet sich zum Selbstbauer. Vorzüge und Nachteile der verschiedenen Arten des Kanus. Bootsformen und Bauweisen. Die Bauzeichnung. — II. Bau eines Kajaks nach anliegendem Riß (Einsitzer mit Leinwandhaut): Allgemeines vom Leinwandboot. Die Helling. Spanten und Mallen. Vorder- und Achtersteven; Kiel. Die Sentlatten (Senten). Dollbaum, Unterzüge und Reeling. Luken, Mastlöcher; Bodenbretter. Das Steuer; Der Flaggenstock. Rückenlehne und Seitenkästchen. Der Leinwandbezug. Das Deck. Außenkiel und Bodenschutzleisten. Die Beschläge. Die Segel. Paddel und Bootshaken. Persenning; Regenschutz; Kissen; Zelt. Einige Abweichungen beim Kajakzweier. Schwert und Schwertkasten. Das Werkzeug. Holzleinwand (Schweden-) Bau. Der Klinkerbau. Instandsetzung unbrauchbar gewordener Holzboote. Einige Winke über das sportliche Auftreten. Materialverzeichnis für einen Einsitzer in Leinwandbau, für einen Zweisitzer in Schwedenbau und für einen Zweisitzer in Klinkerbau, Riß eines Einsitzers, Riß eines Zweisitzers.

Statt Rm. 4.50 für Rm. 2.—,
                    solange der Vorrat reicht!

Kanu-Technik u. Kanu-Sport

Ein Taschenbuch für Sport- und Naturfreunde

von

Alexander Büttner

370 Seiten mit 167 Abbildungen nach Rißzeichnungen und Lichtbildern des Verfassers

Verlagsbuchhandlung
Richard Carl Schmidt & Co.
Berlin W 62, Lutherstr. 14

Fernsprecher: Lützow 5147

Der Motorbootsport

Ein unterhaltsamer Ratgeber
von Dr. RICHARD WREDE
176 Seiten mit 24 Abb. und 1 farbigen Tafel
Zweite, vermehrte und verbesserte Auflage
In Halbleinen Goldmark 4,—

Inhalt:

Vorwort. — Vorspiel und Leitmotive. — Bootstypen und Bootsmotoren. — Wasserstraßenrecht. — Allerlei Streitfragen. — Der Bootskauf. — Pannen und Havarien. — Praktische Ratschläge. — Zwischen Abfahren und Anfahren. — Stander und Flaggen. — Meßformeln. — Anhang: Behandlung scheinbar Ertrunkener. — Muster einiger nützlicher Notiz-Tabellen. — Zehn Gebote für Motorbootbesitzer.

Soeben erschien:

Klein-Gasmotor
mit Gleichstrom-Dynamo
nebst Anlage zum Laden kleiner Akkumulatoren

Leichtfaßliche Darstellung zur Selbstanfertigung
von **Otto Lich**, Betriebsingenieur, **Berlin**
und **Willi Tuloschinsky**, Ingenieur, Berlin

120 Seiten mit 169 Textabbildungen u. 5 Konstruktionstafeln
Preis leicht gebunden G.-M. 5,—

RICHARD CARL SCHMIDT & CO.
Verlagsbuchhandlung
BERLIN W 62 :-: LUTHERSTR. 14
Fernsprecher: Lützow 5147 u. 5267

In 8. Auflage liegt vor:

Das moderne Automobil

**sein Bau und Betrieb,
seine Pflege und Reparaturen**

von

M. Peter

*EIN HANDBUCH DES AUTO-
MOBILS FÜR LAIEN*

ist dies Buch mit Fug und Recht genannt worden, enthält es doch alles, was der Automobilbesitzer von der Konstruktion, dem Betriebe und der Behandlung seines Wagens wissen muß.

Kein anderes Buch bietet eine solche Fülle wertvoller instruktiver Abbildungen wie das vorliegende.

In Ganzleinen

RM 15.—

Kein anderes Automobilhandbuch dieses Umfanges hat eine ähnliche Verbreitung gefunden, wie das vorliegende Buch.

NEU!
694 Seiten Großoktav
729 Abbildungen
Reparaturen
Fahrschule
Systematische Untersuchung bei Stillstand des Wagens
Ausführliches alphabetisches Sachregister
2 bewegliche Modelle
Ganzleinenband
u. s. w.

NEU!
694 Seiten Großoktav
729 Abbildungen
Bau und Konstruktion
Ausführliche Erklärung der Einzelteile
Behandlung des Wagens
Betriebsstörungen und Abhilfe
Bunte Tafel mit sämtlichen Verkehrszeichen
Holzfreies Papier
u. s. w.
Inhalt umseitig!

Die vorliegende Neubearbeitung ist in jeder Beziehung dem jetzigen Stande der Technik angepaßt; sie bringt im Vergleich zur 7. Auflage 86 Seiten mehr Text und einen Zuwachs von über 100 Abbildungen. Trotzdem ist der Preis der gleiche wie bisher Rm. 15.—.

Richard Carl Schmidt & Co., Verlagsbuchhandlung
Lutherstr. 14 / Berlin W 62 / Tel.: Lützow 5147 und 5267

Hafenpläne
der Ost- und Nordsee

umfassend
die deutsche Küste der Ostsee mit Bodden und Haffs, die schwedische Küste von Gotenburg bis Ystad, die gesamten dänischen Gewässer und die deutsche Küste der Nordsee

im Auftrage der
Kreuzer-Abteilung des Deutschen Segler-Verbandes
bearbeitet von
Ludwig le Bret, Richard Schmidt, Günther Werckmeister

230 Seiten mit 270 Hafenplänen, 37 Abbildungen
und 4 farbigen Tafeln der Seezeichen
Schmiegsam in Ganzleinen (lichtecht) gebunden Rm. 10,50

Richard Carl Schmidt & Co., Verlagsbuchhandlung
Lutherstr. 14 / Berlin W 62 / Tel.: Lützow 5147 und 5267

Motorschiff- und Yachtbibliothek Band 13

Wie sagt der Segler...?

Vollständiges
Taschenwörterbuch der Sportseglersprache
mit sachlichen Erläuterungen und wortgeschichtlichen Gedächtnishilfen
von Dr. R. LOHMANN

nebst einem Anhang:
Deutsch-dänisch-schwedisches Segler-Wörterbuch
von ERNA LOHMANN-SIGGEL

✦

118 Seiten mit Abbildungen und Tafeln
In Ganzleinen Rm. 3.—

Richard Carl Schmidt & Co., Verlagsbuchhandlung
Lutherstr. 14 / Berlin W 62 / Tel.: Lützow 5147 und 5267

SEGELSPORT-BÜCHEREI BAND 10

DAS KANU

Ein Wegweiser und Ratgeber bei der Anschaffung eines sportgerechten Paddelbootes

von HUGO SCHMIDT

231 Seiten mit 169 Abbildungen (Aufnahmen und Rissen)
In Ganzleinen Rm. 5.—

Inhalt: Zum Geleit. 1. Vom Einbaum zum modernen Kanu. 2. Kanadier, Kajak oder Faltboot? 3. Einer oder Zweier? 4. Der Kajak. a) Seine Bauarten und Bauformen. b) Seine Ausmaße. c) Bootseinrichtung und Zubehör. 5. Der Kanadier. 6. Das Faltboot. 7. Das Segelkanu. 8 Das Kanu als Rennboot — Spezialboote. — 9. Serienboot und Neubau. Die Rißzeichnung des Bootskonstrukteurs. 11. Bauauftrag und Bauzeit. 12. Im Besitz des neuen Bootes. — Risse, Ansichten und Beschreibungen von Kanus: I. Einerkajaks, II. Zweierkajaks, III. Kanadier, IV. Faltboote, V. Segelkanus, VI. Rennboote, VII. Spezialboote. — Anhang: I. Vermessungsbestimmungen des D. K. V. II. Bau- und Maß-Bestimmungen des I. R. K. III. Bootstabelle des Deutschen Kanu-Verbandes.

Richard Carl Schmidt & Co., Verlagsbuchhandlung
Lutherstr. 14 / Berlin W 62 / Tel.: Lützow 5147 und 5267

Die Grundlagen des praktischen Schiffbaues

von Franz Judaschke

Schiffsbauingenieur

108 Seiten Lex.-8° mit 62 Abbildungen und 2 Tafeln
In Ganzleinen Rm. 5.60

INHALT:

Einleitung. 1. Kap.: Schwimmfähigkeit. 2. Kap.: Formgebung. 3. Kap.: Baustoffe. 4. Kap.: Konstruktionsformen des Schiffbaues: a) Holzschiffbau, b) Klassifikation, c) Eisenschiffbau. I. Entwicklung und Stand. II. Auslösung von Spannungen. III. Wirtschaftsfragen. 5. Kap.: Einrichtung, Ausrüstung und Instandhaltung. 1. Antriebseinrichtungen, 2. Frachteinrichtungen, 3. Wohn- und Wirtschaftseinrichtungen, 4. Betriebs- und Sicherheitseinrichtungen, 5. Instandhaltung. 6 Kap.: Typenbildung und Schiffsstile. 1. Grundlagen, 2. Kunstgeschichtliches, 3. Schiffsarchitektur. Schluß.

RICHARD CARL SCHMIDT & Co., VERLAGSBUCHHANDLUNG
BERLIN W 62, LUTHERSTR. 14

Soeben ist erschienen:

Handbuch vom Auto

Konstruktion und Behandlung

von

Joachim Fischer

332 Seiten mit 188 Abbildungen (darunter eine zweifarbige Schmiertafel), 58 Typentafeln und 15 von H. Schaberschul gezeichneten Vignetten

Preis in Originalleinenband (Entw. v. Walter Malchow) Rm. 9.—

*

Schon beim flüchtigen Durchblättern dieses umfangreichen und sehr gut ausgestatteten Buches fällt das ganz vorzügliche **Bildermaterial** auf, das der Herr Verfasser für diesen Band zusammengebracht hat. Die Abbildungen spiegeln tatsächlich den modernen Stand der Autotechnik wider. Das Buch ist leicht verständlich geschrieben und setzt technische Vorkenntnisse nicht voraus. Interessenten für den Ankauf eines Kraftwagens werden die am Schlusse des Buches beigegebenen Typentafeln gern benützen; schließlich möchten wir noch auf die hübschen, von H. Schaberschul gezeichneten Vignetten hinweisen.

INHALT:

Konstruktionsprobleme. — Fabrikationsprobleme. — Verkaufsprobleme. — Die Konstruktion. a) Antriebsaggregate: Der Motor mit Zubehör — Die Kupplung — Das Getriebe — Der Antrieb und die Hinterachse. b) Rahmenaggregate: Der Rahmen — Die Federung — Die Vorderachse — Die Räder — Die Bremsen — Die Lenkung. c) Zubehör: Schalt- und Lenkorgane — Brennstoffe — Brennstofförderer — Brennstoffmesser — Brennstoff- und Ölfilter — Schmieröle und Fette — Bereifung — Die elektrische Ausrüstung — Der Tachometer — Werkzeuge und Ersatzteile — Der Auspuff — Feuerlöscher. d) Karosserie: Der Aufbau — Die Lackierung — Karosserietypen. — Die Wahl. — Die Betriebskosten. — Die Unterbringung. — Das Fahren. — Die Behandlung. — Pannen. — Typentafeln.